你的痛，我來疼

釋證嚴 著

靜思人文・有鹿文化 共同出版

你的痛，我來疼

目次

編者語　慈悲大海——關於【證嚴法師說菩薩心懷】系列

這個世界，有許多志工，以清淨無染的愛，付出無所求，在各個角落印證了心淨能使國土淨，有心就可大力大能。

「菩薩所緣，緣苦眾生」，多年來，慈濟人將佛法走入生活當中，行世間法關懷膚慰周遭。

每日清晨七時整，證嚴法師與各志業體主管、同仁及各地志工透過視訊，親身感受，將所行心得分享；證嚴法師則透過各界深心分享之內容，觀機逗教、隨緣開示。

這些內容包含慈善、醫療、教育、人文等四大志業；主述方向以醫學新知、護理關懷、醫療志工陪伴等，透過眞實案例，走入病人生命中，瞭解其心中的禁錮，在陪伴中省悟自己，也引悟眾生內心暗角，迎向本性光明，使陷在煩惱泥中的有情眾生能生起佛法，回歸清淨本性。

志工領受證嚴法師以「無緣大慈、同體大悲」之教誨，知道、行道、說道，更影響他人能「苦既拔已，復爲說法」。

證嚴法師給予弟子的智慧開示、關懷和幽默的回應，在約一個半小時之中，展露和合是一的慈悲心懷。

【證嚴法師說菩薩心懷】系列，採擷「志工早會」裡志工分享的動人故事，並加上一些全球各地慈濟人菩薩行的記述，而成「人間佛教」之法水；法譬如水，洗諸垢穢，志工之信願行，有如江河井池溪渠之水，而盡匯流入證嚴法師所帶領的法性大海之中！水，有小有大，但水性是一；菩薩行者，慈悲智慧。

有情眾生苦惱無量，是故佛陀說法無量，義亦無量！在成佛之前，人傷我痛，人苦我悲，菩薩心懷，做就對了！【證嚴法師說菩薩心懷】系列，將陸續編輯出版，印證「慈悲就是觀音」，無量無邊的觀音心，慈濟志工正是在世界闇

黑憂惱角落之千手千眼；在人間，快樂做志工做慈濟之中，覺佛性本來光明，「做中覺，覺中做」，菩薩行者，己未成佛，助人成佛！在成佛之前，拔除他人的痛苦，給予他人快樂，苦既拔已，復爲說法。

——編者謹誌

每個人身上都有一本經典

教育學生，最重要的是「教而學、學而做、做才說」——用心教育學生，學生認眞學習、實際去做，眞正做到才說。爲了讓學生能做得到，教學不需要深奧，只要淺顯易記、容易在平常待人接物中用得上，就是最好的。

佛法無所不包，深廣難測，所以「靜思語」是希望將佛法用現代的語言，以淺顯易懂的小道理，很簡單的幾句話，好懂、好記又容易做到，讓人人都能夠實踐，可以用在生活中。

靜思語教學，從屏東尤振卿老師開始，以前我每次到屏東，他都帶著一大群孩子前來，這些孩子是俗稱「放牛班」的孩子，每個孩子身上都有故事；但因爲靜思語教學，尤老師的班級從問題重重的「放牛班」，變成校內的模範班。

無量義從一法生，茂密樹林亦是從一種子開始，不只將自己所帶的班級教好，能帶動全校班班都好，才是眞正成功的教育。

《證嚴上人衲履足跡——一九九六年冬之卷》曾記載：尤老師的故事很多，比方說有一天，他教學生們一句靜思語：「壞人不能多我一個，好人不能少我一個。」當天放學，班上一位很調皮的男生，習慣性地往電動玩具店走去。他走到電玩店門口，正要進去時，突然想到「壞人不能多我一個」，趕快把踏出去的腳步縮回來，回過頭，一口氣跑回家。

一回到家，他放下書包，又想到「行善、行孝不能等」以及「太陽光大，父母恩大，君子量大，小人氣大」等語，馬上問媽媽：「有什麼事要我幫忙嗎？」媽媽說：「你們兄弟像牛一樣，你們的房間好像牛欄。想要幫忙，就把你們自己的房間整理好。」「哦！」他背著書包走到房間，一看，「哎喲！眞的是亂七八糟，要從何整理起呢？」這時弟弟也放學回來了，兩個人同心協力把房間整理得煥然一新之後，他對弟弟說：「這樣是不是舒服多了？」「是啊！好有成就感哦！」弟弟同感而回答。

後來，這位學生寫信給我，描述當天的過程，信中最後一段是：「師公，我做到了耶！『壞人不能多我一個，好人不能少我一個』，我幫媽媽做好事，我做到了耶！」

這位學生是接受尤老師靜思語教學的第一代小菩薩，他因此變得乖巧懂事，求學上進，讀到大學畢業。

每一代的小菩薩都有很多感人的故事，他們每個月都會寄信給我，輯錄成《寫給師公的悄悄話》，描述在生活中實行靜思語的心得，還有懺悔從前的錯誤，描述現在的改變等等。

有天，尤老師回到花蓮靜思精舍，陪著他回來的，有一位很帥的年輕人，尤老師說：「師父，您還認得這一位嗎？」

我說：「是啊！這個孩子怎麼這麼帥？」他說，他是「皇上」，怎麼是皇上？我心裡想，皇上？我還認得嗎？是誰？原來就是陳嘉慶。

一、二十年前，尤老師的靜思語教學，把一大群調皮搗蛋的孩子剛強的心降伏下來。那時，這群孩子還在讀小學，嘉慶就是其中一位，他現在已經是職業軍人了。其他孩子也都在不同的領域裡，爲社會付出。

然而，尤老師會投入靜思語教學，背後有一個令人傷感的故事，卻也是他的動力。

《品格學堂二十年》一書和《慈濟月刊》都曾記述這個故事：

有一天，一輛押解犯人的囚車從警察局前開出來，正好和行車經過的尤振卿錯身而過。他本能地把行車速度放慢，打算讓囚車先過去……突然間，他看見囚車裡伸出一雙手，從他眼前閃過，一陣尖銳的哭喊聲直竄入他的耳裡：「尤老師——尤老師——尤老師再見！」

尤振卿震驚地往車裡看去，一位少年戴著手銬，用雙手急切敲打著窗沿，一張稚氣的臉隱藏在車內，「那不是我曾經教過，而且引以爲榮的好學生嗎？」尤振卿驚愕萬分，回不過神。

車行漸遠，尤振卿還兀自愣在那裡，不知如何面對周遭路人的目光；這位在屏東大同國小赫赫有名、以明師自居的「尤老師」，當時內心的感覺，只有「羞愧難當」四個字。

那一夜，尤振卿輾轉難眠，歷經了從事教職以來，人生最大的挫敗。他不斷地捫心自問：「嚴師出高徒」這句話是不是錯了？他一直認爲「教不嚴，師之惰」，以爲學生愈怕他，才會愈認眞讀書。

當年脾氣火爆的他，在擔任訓導組長期間，稍遇到不順遂的芝麻小事，就當場將對方罵得「狗血淋頭」，絲毫不留情面。甚至曾經有不乖的學生被帶到他的辦公桌前，就嚇得尿褲子，連女老師也常常被他罵哭。同在該校當老師的妻子便常對他埋怨：「你的脾氣不要這麼火爆，這樣我在學校很難做人。」他卻依然故我。

學生們在私底下都喊他——「希特勒」，他不以爲意，因爲他覺得可以理直氣壯地對任何人說：「我所做的一切都是爲學生好！」

直到學生被上了手銬，他終於反思，「我的教育到底哪裡錯了？爲什麼會教出一個犯罪的學生？」尤振卿百思不得其解。

一九八九年，慈濟志工黃寶慶送給他一份《慈濟道侶》刊物，文章裡有一句話：「要改變別人之前，先改變自己。」猶如當頭棒喝，囚車伸出那一雙手的影像浮現在眼前，他不禁問自己：「如果我不能親身力行、以身作則，要怎麼教導學生？又怎麼能教出眞正的好學生？」

有一天，他看到一句靜思語：「理直氣要和，得理要饒人。」覺得這句話很有道理，決心改掉自己的壞脾氣。有的學生看著他的改變，竊竊私語：「『希特勒』怎麼變得『好假仙』？」尤振卿不爲所動。他決定裝裝樣子，給學生看「慈濟人的臉」，他相信：「假久也會變成眞。」雖然有時候遇事，情急之下又忘了，但日久成眞，最後個性眞的改變了。

隔年，慈濟志工潘蓮花邀請他到慈濟屏東分會，那天，分會牆上懸掛的一幅幅「格言」，不斷吸引他的目光，「天助我也！」尤振卿暗自歡喜著：「這些『格言』拿來教學生多好啊！莫非是佛菩薩在指引我一條明路？」他拿出紙筆拚命抄寫那些字句，渾然忘我之際，潘蓮花的聲音在他身後響起：「你不用抄啦！這些都是靜思語，有結集出版。」

尤振卿才恍然大悟，原來自己平日從《慈濟道侶》抄錄下來的好話，就是靜思語。俗話說：「三歲看大，七歲看老。」他想，靜思語既然能改變他的暴戾個性，當然也可以導正學生的偏差行爲；在小學人格養成可塑性最強的時候，以一句句的靜思語好話扎根，對於日後青少年問題，應可防患於未然。於是，尤振卿決定轉換自己對「好學生」的觀念和定義，以「人格教育」作爲教學的根本。那一年暑假，他開始編輯「好話教學」教案，有計劃地將靜思語融入下學年「生活與倫理」課程中。

爲了提升學生的興趣，尤振卿將「靜思語」編寫成符合學生眞實活動的劇本，以布袋戲、相聲、數來寶、話劇等活潑的方式交互呈現，有時候學生也會將自己的故事套入靜思語，即興演出。

漸漸地，背地裡「希特勒」的稱呼逐漸隱退，取而代之的是布袋戲裡慈祥又善良的「老聖公」。過去，尤振卿一頭白得發亮的銀髮是他的註冊商標，曾經，這頭白髮配上一張嚴肅的臉，嚇壞不少學生，自從開始實施靜思語教學，尤老師的白髮依舊，但換上童心未泯的幽默話語和笑容，他的慈祥和藹才開始成為學生喜愛的特徵。當他經過教室走廊，聽到學生窸窸窣窣地喊著「老聖公——尤老師——老聖公！」他都會假裝沒聽到，卻忍不住微笑。

從一九八九年到一九九九年這十年的時間，尤振卿不曾停止「好話教學」。有一天，當他帶著學生到校門口打掃，一位排班的計程車司機突然走過來，從口袋裡掏出一千元，請他買糖果給小朋友吃。司機說：「老師，您這班學生眞的很乖，每一天看到我都會打招呼，讓我很歡喜！」

尤老師都是帶高年級班的學生。有一年，大同國小兩名四年級學生翹課跑到臺北「遊學」去了。一位好心的叔叔看到這兩位蹺家的小孩，上前詢問他們家中電話號碼，沒想到他們的回答竟是：「家人不重要啦！我才重要。」

五年級開學時，這兩位蹺家的小孩看到新任導師是尤振卿，敏感又聰明地舉手問道：「老師，聽說你是慈濟老師，對不對？」「是呀！」尤老師點點頭。「慈濟老師不會處罰學生對不對？」這句話大有玄機。尤老師立刻接招說：「慈濟老師扮演兩個角色；一是佛祖角色，你表現得好，更加疼愛你；一是護法角色，好比打佛七，若姿勢不正，戒尺就會落在你身上，這是消業，大家都很喜歡。」

兩位學生恍然大悟，第二天捧了一根棍子，上面用立可白寫上「戒尺」，親自交給尤老師，尤老師笑說：「你們很乖，我不會打你們。」後來尤老師發現，學生之所以會逃家，多因得不到正面鼓勵，永遠是打罵的循環，才會興起「出走」的念頭。他開始以肯定鼓勵取代責罵，不僅對學生說好話，也在學生家長面前稱讚孩子，讓家長對孩子有信心。

另一方面，尤老師也盡量去發掘孩子的優點，一發現這兩位逃學的學生音感很好，特意安插他們擔任校隊指揮與鼓手，讓孩子可以擁有成就感。

卍
舍精思靜

後來，這兩名學生非但不再逃學，還拿了學期成績的第二名與第六名，更重要的是，他們開始懂得如何去關懷別人，付出自己的愛。

爲了更深入瞭解這兩位學生的想法，尤老師問他們：「你最討厭別人怎麼罵你？」請他們寫在聯絡簿上。第二天他看到：「我最討厭立體式罵法。」另一位學生寫道：「我最討厭水壺式罵法。」尤老師看得一頭霧水，只好把這兩位學生請來問。

「唉呀！老師你有所不知。」第一位學生解釋說：「每當做錯事，我媽就會說：『你又做錯事了！』加上『每次都這樣說不聽！』然後就是『我不敢再對你抱有任何期望！』這是不是三度空間的立體罵法？」

「哦，原來是這樣啊！那什麼又是水壺式罵法呢？」尤老師又問另一個學生。

這名學生當場比了一個姿勢說：「我阿嬤每次罵我，她都一隻手插著腰，另一隻手指著我，老師你看，像不像水壺？」從外觀上，果然很像。

面對這一班聰明又調皮的學生，尤老師有一個感慨：如果人格教育從小沒有培養好，將來若誤入歧途，就容易變成智慧型的罪犯，不能不小心於起始。

之後，尤老師在班上推動班刊，因爲他知道，看到孩子的文章被登出來，是父母最感驕傲的事。這份由學生主導的班級刊物，從資料的蒐集、編排、校對到分發，完全展現了團體合作的精神，從初期的一百份到後來的一千份發行量，家長的反應極爲熱烈，特別是其中慈濟溫馨的小故事，間接柔軟了家長的心。

慢慢地，學生也會主動關懷老師的一切。某天早晨，班上一位學生拿了一瓶染髮劑送給他：「老師，這瓶染髮劑可以將你的白頭髮變得烏黑亮麗喔！」

尤老師連忙說：「謝謝你的好意，可是老師的臉皮是老的，若特意染成黑色，會很奇怪。」沒想到第二天，這位可愛的學生鍥而不捨地帶來了麵粉和雞蛋，很「雞婆」地說：「老師，你把麵粉和雞蛋拿回家，晚上睡覺前加水塗到臉上，第二天起來，皮膚就會變得光滑又年輕了，我媽媽都是這樣子做的。」聽得尤老師覺得好笑，又貼心。

不過，他萬萬沒想到，平常都是他恐嚇學生：「如果不乖，要告訴師公上人喔！」有一次我行腳至屏東，他帶著學生來看我，學生出其不意地向我告狀：「師公，平常我們身體不舒服，老師都要我們趕快去看醫生；可是我們老師身體不舒服，都不聽我們的話，不肯去看醫生。」

我立刻「限令」尤老師在一星期內寄出醫師診斷報告給我，尤老師只好趕緊去看醫師！

尤老師是在五十二歲開始使用靜思語教學，「本來已經申請退休了，用靜思語教學後，愈教愈有趣，愈教愈有成就感，這是以前從來沒有的感覺，所以我立刻取消退休了。」尤老師開心地說。

有一天，尤老師上課中途忽感身體不適，送醫後診斷，是輕微中風，醫師殷殷叮囑他需長時間休養，不能再勞累。不得已，他只好提前辦理退休。不過他相信自己的靜思語教學並不因而停止，只是得先把身體養好。

《慈濟月刊》三九四期報導過他生病後的狀況：生病以來，他不再忙學校工作，卻有接不完的電話及絡繹不絕的訪客，學生幾乎天天問：「老師什麼時候再回來上課？」更有貼心的學生打電話來說：「老師，我們這一區的功德費我替您收，這樣您就不需跑那麼多趟了！」

尤振卿原本每月需一一登門拜訪會員收取功德款，學生主動幫他承接下來，並且在兩天內全部收齊、送到他家，這分誠意令他感動不已！

八月的暑日，他靜靜邁著遲緩步伐、走入靜謐校園，依戀地觀看一景一物，到學校打球的學生遠遠看到他，跑過來問好。他喟嘆道：「看到這些可愛的學生，更教我捨不得退休。」

轉念一想，他又精神百倍地說：「我要趕快把身體養好，以後就可以再回學校當教師志工了！」

這些年來，許多學生家長有感於尤振卿教學的影響力，進而肯定慈濟團體，紛紛加入慈濟，成爲他的會員；而他也正好藉由每月收取功德款的機會，持續關心畢業的學生。

例如那個蹺家到臺北的學生，直到現在，每逢尤振卿登門收款，媽媽總是

笑瞇瞇拉著他的手，不斷訴說自家孩子的可愛。「他一下課就回家，又是拖地、又是煮飯，還勸爸爸不要抽菸，我實在很感恩您能把原本讓我們擔心的孩子調教得這麼乖！」

尤振卿除了仔細聆聽家長的心聲，偶爾還幫忙解決學生家庭紛爭，例如一位學生的媽媽對婆婆的無故叨念感到委屈，他便以切身經驗告訴她：「以前我媽媽也常常無緣無故痛罵我，有一次我忍不住問她：『我又沒做錯事，爲什麼總是罵我？』結果她說：『我心裡不舒服當然罵你，我又不能罵別人！』我想想，也有道理，就不那麼生氣了。」

人與人之間的摩擦、不愉快，若想開了自然沒事，尤振卿便常鼓勵學生培養幽默感。他收集學生日常生活中可能遇到的問題，讓學生集思廣益，一同思考如何以幽默方式化解難題。這些幽默問答後來集結成冊，題名爲《博您一笑》，讓學生看得笑哈哈的同時，也吸收幽默處事的經驗。

譬如食物放在冰箱，想拿來吃時卻發現不翼而飛，便可表示：「是誰代我效勞了？」有人故意踩你的鞋帶，怎麼辦？「啊！我的鞋帶怎麼纏住你的腳底了，眞對不起！」當別人誣賴你時，可以說：「我們眞有緣啊！與其跟我作對，不如我們做個好朋友吧！」

屬於尤振卿靜思語教學第四代的學生謝憲德就說：「以前我很兇，沒什麼朋友，可是我現在人際關係變得很好，這都要感謝尤老師哩！」

「你們也是七點十分就要到校嗎？」大家聽了異口同聲地說：「對呀！怎麼你們還是如此？」在最近一次的五代同堂聚會中，不知是哪一代學生忽然問起，一旁的尤振卿不好意思地笑了。

原來，每一代學生都領教過尤振卿「嚴父」的一面：尤振卿知道很多學生最怕數學，所以乾脆利用每天早自習時間加強學生的數學，「如果早自習遲到了，還要罰站喔！」第三代學生李俐瑩說。

至於尤振卿「慈母」的一面，當然是使用靜思語教學囉！

「『甘願做，歡喜受』是我最喜歡的一句靜思語，以前我都和兄弟姊妹計較誰做得家事多，學了這句話，便不跟家人頂嘴了，媽媽還覺得很訝異呢！」第二代學生陳文惠說。

畢業四年，後來在高雄念專科的陳保志，是靜思語教學第三代的學生；靦腆的他仍記得念小學時，尤老師經常利用上午、午間休息及放學後，帶他們到校園各處做資源回收。

南臺灣一年四季都豔陽高照，剛開始陳保志覺得又熱又累，然而持續做下來，卻發現愈做愈快樂，想到自己每天出力撿拾回收的資源，可換成善款幫助窮人，心裡就覺得很滿足。他說：「到後來簡直欲罷不能，如果哪天撿得少一些，心裡還會難過呢！」

「我是一個做事很沒有毅力的人。」陳保志停頓一會兒，接著說：「跟尤老師學習後，我的毅力、信心大增，特別是兩年資源回收的經驗，讓我現在做任何事都有耐心完成。」

每一代年齡間隔兩年，但這五代靜思語教學下的幼苗一旦相聚，大家七嘴八舌地訴說尤老師與眾不同之處——

有人說生病時，老師親自倒熱開水給她喝；有人印象最深刻的是，一旦做錯事，老師都以靜思語的好話引導他們，不用打罵教育；更有人指著校園的一大片空地說，校園的落葉很多，每天都是尤老師帶他們去打掃的……

靜坐一旁的尤老師聽著，淡淡地微笑，偶爾想起什麼，才插上幾句話，跟大家一同分享。

「賴孟君，妳不是今年剛考上花蓮師範特教系嗎？老師已經打電話請精舍關照妳，沒事的時候多到精舍走走啊！」

忽然，他又轉過身對第一代學生、目前就讀於嘉義師院的楊雯雯說：「上次妳告訴我，再過兩年就要開始當實習老師了，妳也想要用靜思語教學，是不是？」楊雯雯急切地點點頭，他又熱心地說：「等我將這些年來的靜思語教材整理好就給妳！」

尤振卿雖然暫時告別校園，但他五代的靜思語教學已經生出新芽，轉眼綠樹成蔭了。而且，從教職退休下來的他，仍然堅持以志工的身分，應邀分享「靜思語教學」，二〇〇二年更遠赴美國與加拿大示範教學。他從不擔心自己的身體負荷不了，他是多麼希望用自己的生命，取代囚車裡的那雙手！

慈濟宗旨在推動淨化人心的工作。「淨化人心」之實質意義就是「教育」，教育的目的在教化眾生回歸清淨本性。慈濟教育志業的類別，分「有形教育」與「無形教育」兩種。

「有形教育」就如慈濟的完全教育，透過教育機構達到教化的目的。慈濟的教育志業體具有「向下扎根，往上茂盛」的特性，亦即從幼稚園開始，進而小學、國中、高中、大學、博士班，希望在慈濟教育搖籃的陪伴下，孩子們一路長大、茁壯，不只成長知識，最重要的是成長慧命；也就是心不受汙染，永保天眞、自然的本性。

幼教到小學，不只要讓孩子懂得用功讀書，還要尊師，有禮貌，懂得自理生活並幫忙家事。及至中學，要讓孩子學會承擔，不需依賴父母，於生活中自我負責。

人人能自我管理，也就是自愛。不只自愛，還要愛人。自愛是報恩、愛人是感恩，要教導孩子懂得報恩、感恩。

每一位老師都要面對幾十個學生，對家庭、社會影響很大，責任亦大。老師要注重「一」——莫輕視一個學生、一個學生的家庭以及老師本身。

人人都是天下的唯一，也都要對社會負責任；一個人脫序，整體就會散掉。每「一」支浩蕩綿長的隊伍之美，都是美在個體；「一」個社會的祥和之美，美在群眾，而群眾之美同樣是從「一」個人開始。

至於「無形教育」，則期盼慈濟人以身作則，發揮身體力行的模範，透過人格無形的感化，將慈濟精神普及每個角落，使人人的心靈得到淨化。

有人以爲，佛教徒需持五戒，爲何慈濟人卻嚴守十戒呢？五戒，是做人的根本；十戒，是面向群眾做出模範。針對當今社會一般人的不良習性，諸如喝酒、抽菸、吃檳榔、賭博、投機股票等等，慈濟人必須毫無沾染，才堪任人品端正的模範。所以制定十戒，用意就在防心、離過，期待慈濟人守住自己的

本份；如此既是對家庭的教育，也是對整個社會的教育。

有形教育需要大家護持，無形教育有賴衆人推動。好老師是學生生命中的貴人，但若老師無法以身作則，會讓學生對老師的教導提不起信心。五十年前，我在慈善寺看到一個女孩，指著鐵軌說：「老師教我們不要走鐵軌，可是他卻自己走鐵軌……」這一幕鮮明烙印心中，也因此，我日後對投入慈濟的老師們深寄期許，「天下沒有教不好的學生，唯有不會教的老師。」希望老師們提起教育使命。

每一個人的身上都有一本經典，我們用心閱讀別人的人生，可以自我勉勵，並且見苦知福；老師們看到別人的經驗，也可以學習、運用，引導迷失的孩子及時回頭。現在的社會環境更增添教育的辛苦，老師們在學生身上下功夫，但也能從每一位學生的身上得到歷練；雖然頑劣的學生不少，但是學生的本性，都是清淨、可教的。

這都是從一顆種子培養起。老師不輕視己能、不畏難關，用心承擔教育使命。爲了下一代，爲了未來的希望，我們要用心、合力共同來成就！

樂觀是大力

大林慈濟醫院常住志工黃明月分享：院長在母親節當天給大家一個驚喜。在志工上完課時，帶著禮物進來，雖然只是一根香蕉、一顆蘋果、一個他們自己手做的三明治，可是突如其來的感恩，讓志工感動到流淚。

母親節只有一天嗎？應該時時刻刻都是母親節。這讓明月想到一位非常令人感動的母親——月嬌。

有一天，明月陪著法親在耳鼻喉科看診時，碰到月嬌，見到她臉上終於出現有別於過往哀傷痛苦的神情，綻放出穩定堅強的光采，已經走出陰霾的堅毅表情，讓人爲她感到開心。

月嬌有個兒子，名叫建恆。二〇一〇年七月，建恆就讀警專一年級時，發現眼球似乎有點凸出，而且眼壓很高，因此前往眼科求診。經過繁複的診斷流程後，醫生宣告他得了罕見的淚腺癌。因爲學校在臺北，建恆在臺北的醫院開刀割除腫瘤，醫生在開完刀之後直截了當向他說：「這已經是末期，你要趕快做電療、化療。」這話晴天霹靂，讓建恆不知所措。在與母親討論後，他決定若要長期治療，就回慈濟醫院。

在大林慈濟醫院，負責電療的劉醫師在看了建恆的狀況後分析：「你想保住眼睛嗎？你還這麼年輕，如果電療一定會傷到神經，這顆眼睛勢必會保不住。」醫師眼神流露出不捨。

事實上，建恆所患的淚腺癌，不只是把腫瘤拿掉如此簡單就可以，經過蘇泉發醫師進一步診斷，因爲癌細胞已經把整個眉骨侵蝕了，導致眼球勢必要挖掉。這突如其來的狀況，讓月嬌一家難過哭泣不已。但與醫療團隊討論的時候，建恆卻是展現得非常堅強與篤定，讓月嬌感到非常感動與感恩。

在醫療團隊討論前，醫生先爲建恆做了全身掃描，確定沒有其他轉移後，

才進行臉部的處理。所幸檢查沒有發現其他部位的轉移，只在眼窩周邊有出現癌細胞，但如果要全部清瘡，傷口是非常大的，不只是移除眼球，甚至連額骨周邊一些地方都要割掉，所以由眼科、整形外科、神經外科等各個專科的醫師與專業人員群組成醫療團隊，共同討論並負責執行此次手術任務。月嬌一家人非常感恩在這過程中，有如此多人爲這事付出努力與心力，這樣的一個力量，著實令人感動且內心溫暖。

手術後，當眼科醫生找建恆的父母親討論眼部整形，是否要放置義眼時，建恆的父母親六神無主，拿不定主意。建恆看到父母親陷入兩難，毅然地主動說：「這是我要面對的人生，這是我要面對的傷口，所以我來做決定，不要再讓爸爸媽媽有任何的壓力。我已經夠不孝了，這樣的身體傷口已經讓他們夠操煩了。」他冷靜地跟醫生討論細節，讓醫生深感敬佩。

建恆接受了這次的開刀手術，但他希望可以保留較完整的顏面，有尊嚴地走過後半輩子。開刀前，建恆跟爸爸媽媽說：「爸爸、媽媽，感恩，如果開完刀出來，你們看到的是我的顏面有傷，那個傷可能是不好看的，請你們不要哭泣，我接受它了。」一瞬間，爸爸媽媽的眼淚不聽使喚地流下來……

手術後，至今三年了，他的眼睛裝了義眼。可是因爲眼窩骨頭很大，縫隙導致傷口還沒完全好。月嬌說：「每天至少換兩次到三次的藥，手稍微壓下去，膿血就從眼窩裡流出來。剛開始的時候，實在是很嚇人，但現在已經不怕了。初期則是用抖動的心、抖動的手去幫他處理眼睛的傷口。眞是太感恩了，我兒子是我的老師，我好感恩我有這樣一個兒子。」她又說：「建恆的意志力眞的讓我好感動，有時候我們在換藥的時候會聊天，他也知道生死勢必是一定會面對的。有一天他跟我說：『媽，如果有一天眞的無常來的時候，我想我們就不要再計較了，我們要坦然地接受，但是我比較不喜歡、也很害怕遇到壞鄰居，所以不要幫我土葬。』其實他在用較委婉、帶點幽默方式表達他希望將來採用火葬的儀式。」這對母子還可以如此坦蕩蕩地談生論死，令人感佩。

月嬌更感慨地說：「建恆面對病痛的態度讓我既感動又感恩，也穩定了我們一家人的情緒。他時時刻刻都展現冷靜鎮定，也用非常宏觀亮麗的想法，讓我原本無助的心情，慢慢安定了下來。」

後來建恆開始上班，他勇於報考高普考，竟然在一萬六千人只錄取六十個人的考試中，拿到第十六名的成績。他只靠一隻眼睛，挑燈夜戰準備功課，每天清晨五點起床，堅持讀十幾個鐘頭的書，如此日以繼夜。媽媽看了，曾經心疼地說：「需要這樣讀嗎？這樣太累了吧！」建恆卻說：「師公上人三點半起床都不喊累了，我五點算什麼！」建恆考的是有關法院職務的工作，所以需要懂一點法律的常識；五個月內他完全自修，沒有補習，若是看不懂，就回頭再看，一遍又一遍。

月嬌回憶：「我兒子的疾病，眞的讓我好感恩。因爲他讓我遇見好多生命中的貴人，在慈濟的醫療體系中，法親的關懷很多很多。尤其是兒子的生命事件，讓我覺得是一個老師的示現。我也非常珍惜每一個我們相聚的日子，不管這個生命的長短，我都會好好珍惜。我都好感恩。」

建恆也說：「我好感恩喔，我沒有被疾病打倒，現在還可以擁有一份正常穩定的工作，要感恩太多人了。」爸爸則是說：「我看到兒子每天這樣，就開心地笑了。原本應是悲慘、可能會用負面的態度來面對這個癌末的疾病，因為建恆的樂觀，卻引導全家坦然地面對這個隨時有可能再復發的狀況。」

建恆是生命的勇者，在病痛纏身之時，可以克服心理、克服生理的狀態，還帶著眼睛的病痛，在一萬六千人當中考上了第十六名，非常不簡單！生命勇者隨時都處在一個樂觀的情境中，這種樂觀，給了人最大的力量。因此，我們要問，什麼是母親節最好的禮物呢？如果能把我們每一個生命活好，安定我們的心，讓我們身心不為所亂，讓父母看了也很歡喜，這就是眞正的報父母恩。

《藥師經》上說：「若有所求，至心念誦，皆得如是無病延年。」病人身體康復後，如果有所祈求，只要「至心」，十分專心念誦，不只病痛能解除，還能消災延壽。就如捐髓者，髓捐給人，還為他人祈願，期待對方恢復健康時，能再去做好事。虔誠的心綿延不斷，不只能解脫病痛，還能健康延年。

生老病死是大自然的法則，康復後，要更用心爲社會人群付出，發揮生命的價值。若只會呼吸、吃飯、玩樂、享受，對人生沒有貢獻，壽命再長都沒有用，來人間只做一個消費者，人生有什麼意義呢？

「命終之後，生彼世界，得不退轉，乃至菩提」，彼世界是哪個世界？不論是西方極樂世界，或東方淨琉璃世界，只要有心發願，必定能固守此一道心，不會退轉。除了道心、正念不退轉，也能生在淨土不再退轉，不落入三途六道，直到「得菩提」——正等正覺。修行的目標就是如此，不是有病才去持咒念佛，平時生活中，就要好好培養這念心。善心祈願，用虔誠善良的心，爲普天下人的人祈禱，不爲自己，就是大我無私、大徹大悟的人生。

轉個念頭，沒有過不去的苦

大林慈濟醫院常住志工黃明月分享：每天在大愛電視節目，看到人間至善、至美的過程，那是緣於有一個「善念」生起；轉念，是人生非常重要的學習。

慈濟醫院病房裡有一對老夫妻，先生罹患癌症，身體不舒服。有一天突然狀況變差，兒女和志工在病房裡面陪伴，明月就在外面陪老太太。老人家捨不得先生受苦，一直哭，明月心想，要怎麼幫她轉念？於是問她：「妳是怎麼認識爺爺的？」因爲回想往事，她就開始笑了。

從年輕到年老，這樣走了五、六十年的家庭生活，兒女孝順乖巧，每個小孩都不用讓她操心……老奶奶說著說著，像是想到了什麼，突然笑了出來。問她什麼事，她說，有一次過母親節，媳婦送她一只戒指，她很開心，隨口問她兒子：「你有沒有送個禮物給你丈母娘啊！」結果兒子說：「有！媽媽，我包了一個六千塊錢的紅包。」

剛剛收到戒指的快樂心情，還沒降溫呢，就聽到兒子包了六千塊的紅包給他丈母娘。老奶奶心想，這戒指，不過值一千多塊，等於包給我的紅包只有一千多塊錢，包給丈母娘卻是六千塊，原來兒子和媳婦沒把她放得比丈母娘重。她愈想愈難過，心裡面開始有點嘀咕，有點酸酸的。想著、想著，她說：「不行、不行！我一定要讓這件事，生個道理出來。」

她就開始想，要怎麼「轉」這個想法？突然，她就笑出來，對明月說：「妳知道嗎？我就這樣想嘍！從兒女小時候，我就教他們不可以說謊話，有什麼都要跟媽媽眞實說。既然如此，兒子今天跟我說眞實話，我爲什麼要生氣？他確實包了六千塊的紅包給他岳母，表示我教導兒子成功！」

這樣一想，一個一千元的戒指和一個六千元的紅包就是等值了，那是無分別的愛，所以這位老奶奶就開始笑了。

說實在話，這實在不簡單，要不然明明給自己的母親和給丈母娘的，差別實在太大。不過，轉一個念頭是自己教子成功，所以一切都是一個念頭，在「鬱卒」的時候，轉一個念頭，海闊天空。

後來這位爺爺狀況不好，走了。這奶奶也很會轉念：「走了也好，他不想麻煩我們，要不然，癌症多苦啊！走了，就不會受苦了。蓋棺論定，他一輩子都是好人，這一路走來的人生路沒有白走的，很感恩他！」所以，在喪禮的過程，她很大聲地說：「老伴，我愛你喲！老伴，我愛你喲！」人生總有悲歡離合，日常生活也免不了可能有衝突，一個轉念，運用智慧，就把一切轉過來了。

明月自己也很會轉念，她每天翻讀《靜思語》，看到好話就記下來，她說，這很有用，當情境一來，不知不覺心中的法就冒出來。有一天，她的鄰居大清掃，將垃圾丟到她家門口，她清晨一打開門，看到一推垃圾，覺得很生氣。但她立刻轉個心念：「千金買房子，萬金買不到好厝邊。」念頭一轉，她便笑

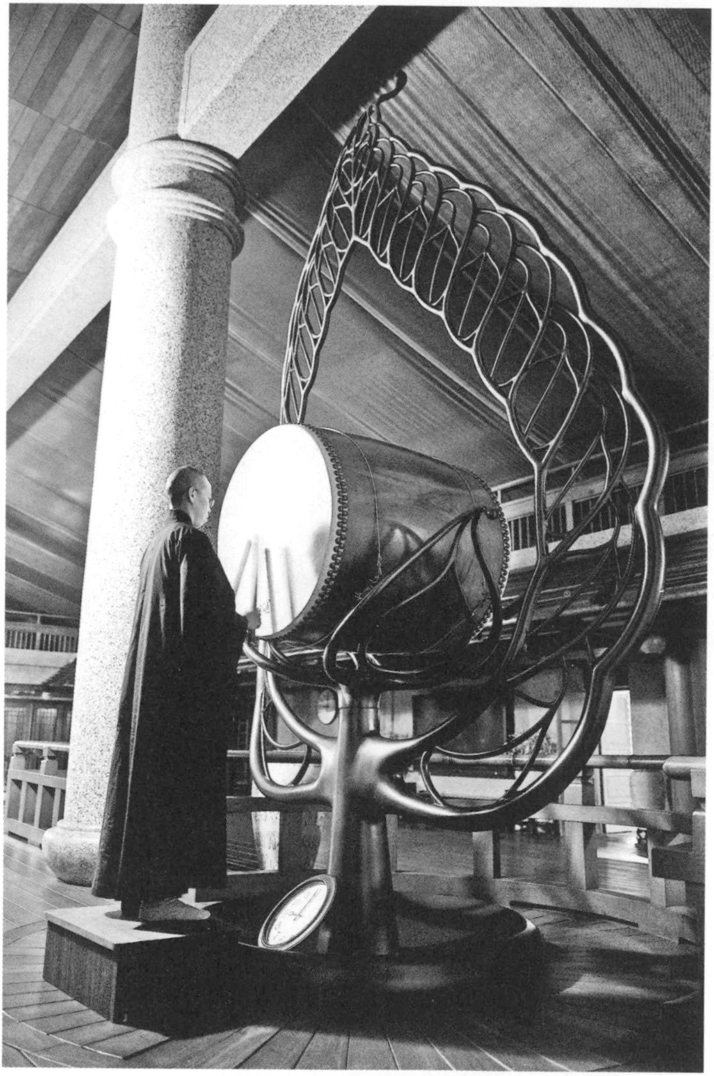

笑跟鄰居說：「沒關係，沒關係！如果有空再麻煩你將它處理一下。」這樣就化解不悅和衝突了。

還有一次，一位大愛電視臺的同仁，要拍一個景，想要打開社服室「佛陀問病圖」的燈光，可是調了半天，已經晚上快十點了，燈光怎麼調都調不好。這位同仁覺得不好意思讓明月這群志工等他，明月也很體貼，一直跟他說沒關係。

後來這位同仁進入辦公室，看到「靜思語」小卡，他順手打開來，看到的正是：「佛前的燈不必刻意去點，要緊的是點燃我們的心燈。」他不禁興奮地說：「哇！這實在是太妙了。」他說：「來大愛臺，在慈濟工作，時時、處處都有讓我們轉念的空間跟機會。一個念轉向善，轉向光明、轉向寬闊、轉向和諧，社會和人心當然就能淨化，人與人之間的快樂、幸福指數當然升高。一個念轉惡，當然就衝突不斷、困惑不斷，就層層綿延無止盡！」

我們要不斷不斷地問自己，又過一年了，自己有成長嗎？歲月老去，體力在退化，身體可能有變化，可是慧命有成長嗎？可以安心地跟自己說：「這一陣子有進步，當然還是有更大的空間，再努力！」

很多志工菩薩都說，每天在醫院，有著很多的學習，很感恩這樣的環境，每天無時無刻都有法，讓他們受用。當然，自己有沒有轉念？希望志工的答案是「有！」每天不斷提醒自己要轉念，修行就在每一個起心動念間。轉一個念頭，沒有過不去的苦。

原諒別人就有福

花蓮慈濟醫院常住志工林蘇足分享：慈院加護病房曾送來一個二十歲的原住民年輕人，他一大早跟媽媽去清洗火車，卻不幸發生嚴重車禍。到院時已經奄奄一息，因爲橫膈膜破裂，腸子擠到肺部，肝、肺挫傷，胃受傷，還有骨折，整個身體都走了樣，很令人難以置信。

他痛苦地含著淚，瞪著大眼睛，比著手勢問媽媽，他會不會死。媽媽安慰他說：「你很孝順，才二十歲，就爲了幫忙清償祖父的債務，犧牲暑假來打工，所以你不會死！」

因爲暫時不能處理骨折問題，只能先固定他的肢體。爲了避免褥瘡，每次都動用四位護理師幫他翻動身體。雖然護理師們已經非常輕巧，但由於橫膈膜破裂，只要一碰就很痛，可是他仍然勇敢地忍耐，總是忍到汗流滿身，讓護理師非常不忍，反而頻頻道歉。

肇事司機非常自責，跪在床前叩頭痛哭道歉：「明明我是往前開，為什麼車子會是往後？眞是跳到海裡也洗不清！」年輕人的爸爸牽起司機的手：「我們沒有怪你，因為我看到兒子的毅力，還有這麼多醫生的搶救，就算他『沒有』了，我也不會怪你。老天爺絕對不會讓我這個孩子白白犧牲掉，他是我的，就不會跑掉，不是我的，強求也沒有用。」

司機對志工說，他徹夜無法入眠，整天看著大愛臺，祈求菩薩，很虔誠地念佛，還非常擔心會不會因此丟掉工作。司機又問志工可以幫病人做什麼？志工告訴他，可以幫年輕人植福田，要懺悔，發願為他吃素，跟他結善緣，希望他能夠趕快好，祝福他盡快痊癒而能去幫助別人。

這孩子的爸爸在梨山工作，哥哥已結婚，姊姊在臺北工作。他們聽到消息，火速趕回來，不過沒有一個人怪罪肇事者。他的父母反而能感恩，有這麼多人

志玄虛漠
守之不動

來關心，醫院相關科系的醫生都來會診，護理師、營養師，也都在旁邊照料，所以覺得兒子很有福報。

爸爸又跟兒子說：「我是一個無名小卒，有這麼好的人來幫助我們。你沒有死，就是要讓我們來做好事。」他要爲小孩植福田，他發願孩子恢復後，要幫助別人，要幫助高雄氣爆的災民。

志工們再叮嚀孩子：「別只顧著難過，孝順的孩子最有福，要好好休養身體，以後要照顧父母。」年輕人因橫膈膜破裂，消化系統不能接受油膩食物，志工勸他要發願吃素，他也點頭答應。

一個星期後，志工再去探望，孩子展現陽光般的笑容說：「比較不痛了。」也伸出大拇指表示有信心。一旁的媽媽說：「我這個孩子很容易滿足，因爲他們常常聽阿嬤講，『不會怪別人的人，才會有福報』。」

的確，無常跟明天哪一個先到？眞的是不知道，都在一念間、一瞬間。

這是一個好家庭，碰到這麼嚴重的事情，全家都共同善解、包容，讓肇事者能心安。當然，這樣的家庭，父慈子孝，而且家人也都很友愛，這樣和順的家庭，應該都會很有福啊！年輕人能趕快好起來，都要非常感恩我們醫護人員用盡心力。所以爲他祝福，我也讚歎他們這個好家庭，都是有福的人，願他好得快！感恩大家用心用愛在付出。

我們常常由不得自己，業什麼時候降臨不知道，心念稍有偏差，可能無常就發生在自己身上。碰到意外要怎麼辦？要運用智慧，身有病痛，心不要糾結打不開，病才不會拖延。學佛要學會打開心門，凡事想得通，病痛就能消除。

持名念佛，能解開心靈的密碼；心能打開，身心就健康。持咒或念佛，都是治衆生心病的良方；心的煩惱要如何解開？就是用念佛、持咒等等的方法。心的密碼解開，凡事想得通，智慧開啓，就不會怨天尤人、惶恐不安；心病治好，身體很快就康復。

凡夫都有身心的毛病，心病往往比身病更嚴重。虔誠念佛持咒，無非是要打開心鎖，解開心中的煩惱。

如己之女

臺北慈濟醫院兒科部主任蔡立平分享一個十歲小女孩得糖尿病的故事。他說，這個女孩一年前因爲肚子疼痛，到了一家醫院檢查，發現患有糖尿病。醫師說，這是第一型的糖尿病，以後要靠胰島素治療。家屬一聽，孩子這麼小就有糖尿病，擔心以後一輩子都要依賴胰島素，心裡起了反感，就不繼續醫治。

一年來，小女孩沒打過胰島素，病情沒有惡化。直到最近兩個月，媽媽發現她莫名奇妙地瘦下去，一量體重，整整掉了六、七公斤。擔心是不是糖尿病又發作了，於是到臺北慈院新陳代謝科看診，驗出來血糖值高達五百，醫師嚇一跳：「不行！要馬上控制。」

這小女孩被送到小兒科急診，剛好是蔡主任看的診。蔡主任說：「我們原本擔心這孩子會有糖尿病的酮酸中毒現象，結果還好，沒有那麼嚴重，是單純的糖尿病，但血糖飆到五百，必須住院處理。」

可是內科已經沒有病床，兒科又沒有照顧糖尿病的專門醫師，蔡主任就打電話給新陳代謝科的胡雅惠醫師，讓小孩住在兒科病房，掛蔡主任主治的名義，但實際上大都由胡醫師來照顧。

有一天胡醫師門診，下診後已經快晚上七點了，才匆匆忙忙地跑來看這個孩子。她跟小病人和家長談了一個多小時，仔細說明該怎麼打針、如何治療，說完才匆匆忙忙趕去幼稚園接女兒下課，蔡主任見狀，也放心地離開醫院。

結果，第二天，蔡主任聽護士小姐講，胡醫師接了女兒以後，再度返回醫院，繼續交代病人醫療照顧的細節，又講了一個小時，直到快十點才離開。

四天後，女孩的血糖控制穩定，媽媽也在胡醫師的耐心指導下，知道日常該如何照顧這孩子，母女倆就放心，歡喜回家了。臨行前，胡醫師甚至把電話號碼和手機通訊給了女孩的媽媽，讓她在居家照護上如果有任何問題，不用到

醫院來，直接用訊息就可以跟胡醫師對話討論。

胡醫師如此不厭其煩，甚至給出私人的電話號碼，原是擔心女孩家長會如同在前一家醫院的情況，拒絕治療，或無法穩定照顧小女孩。胡醫師體現了一個視病猶親、認眞負責的醫師應有的作爲，也展現了做爲醫師最大的熱情，的確很感人。

病人是蔡主任的病人，但是胡醫師接手過來了，她就是把蔡主任的病人當成自己的病人，那種的「愛」，她將之寫成了「痛」，人傷我痛，人苦我悲，這叫做「無緣大慈、同體大悲」。

胡醫師懷著如此的心，做到了這樣處理，實在令人很感動，她沒有住在醫院的宿舍，但回到家還是不安心，趕快再來醫院關心；這樣的心，實在是「視病猶親」，對待病人猶如自己的孩子一樣，我知道了這件事，心中眞的非常感恩。

孝養之心，就是清淨的佛心

大林慈院社區醫療部高級專員陳鈞博分享：二〇一三年大林慈院舉辦偏鄉大型健康檢查來到嘉義大埔，一位平常很少出門的阿嬤，聽說慈濟辦大型健康檢查活動，立刻走出了家門來到會場。她拄著拐杖，一拐一拐的，行動不是很方便。因爲天氣炎熱，志工們看她身體比較虛弱，趕緊推了輪椅讓她坐下來，順便瞭解她的健康狀況。賴院長剛好那天也來到大埔，看到這老人家的腳有一點外翻，長期無法穿鞋，任憑雙腳在地面上磨著，導致腳踝常常破皮。

經賴院長詢問，阿嬤說是三、四十年前上山採竹筍時，不小心扭傷腳。那個年代要下山看醫師並不容易，因此沒有馬上就醫處理，如此一直耽擱下來，幾十年來，阿嬤也就習慣了腳的不方便，依舊照常工作、繼續採竹筍，如果受傷破皮，就自己簡單做些清理消毒的工作，身體一天比一天差。

賴院長告訴阿嬤，透過開刀矯正回來，可以跟平常人一樣走路，阿嬤卻擔心萬一開刀失敗，是不是要坐一輩子輪椅……賴院長苦口婆心不斷鼓勵、勸說她來醫院，也承諾會找最好的骨科醫師幫她處理，要她放心。並且與老人家約定，過完年來醫院住院開刀。

過完年後，志工們把阿嬤接來醫院，安排骨科權威簡副院長幫她開刀，院長也很細心地解釋，但老人家仍然猶豫了。她考量開完刀要臥床幾天，這段期間的生活要怎麼辦？而且請看護又要花錢，思前想後，於是打算放棄開刀，回山上去。但志工與社工不放棄，一方面鍥而不捨地勸說，一方面用心地跟她聊天，瞭解她的家庭狀況。

阿嬤有一個在嘉義市區工作的兒子，兒子身體不好，有肝硬化的毛病，又好幾年沒工作，阿嬤的老年津貼有時還要給兒子當零用錢，因此不希望麻煩兒子，可是社工們還是覺得應該通知她兒子過來。

不料，阿嬤的兒子在接到通知時竟然說：「你們慈濟既然都已經把我媽媽接過去了，你們就必須要完成啊！」在那當下，社工們覺得有些無奈與不解。不過，社工團隊還是決定幫阿嬤安排了看護，最後終於在簡副院長成功的手術以及志工、社工的陪伴關懷下，阿嬤的身體狀況漸漸好轉了。後來阿嬤這個兒子雖然身體狀況不是很好，但還是每天都來看媽媽，志工們同時也每天趁機分享爲人子女應盡孝的道理。

臨出院的時候，阿嬤這個兒子，從原本不願意負責，到最後，掏出了八千元幫忙負擔看護費用。甚至在後來回診的時候，也把媽媽接回嘉義一起住，並奉養她。回診時，簡副院長不是很放心，特別看了阿嬤的傷口狀況，以及瞭解她兒子照顧的情形，特地告訴她兒子：「下一次回診，我還要繼續看你有沒有照顧好媽媽，要是沒有照顧好，我是會罵你的！」

這個故事眞的很感人，慈濟人這樣用心把她接下來，而且通知她兒子，他竟然就說我們接她來，就要負責。經過賴院長、簡副院長鍥而不捨地說服阿嬤

悲濟世

開刀，在手術期間，還把兒子教到孝順。現在阿嬤就住在兒子家，兒子已經懂得如何奉養母親。

這也是大家用心用愛付出的結果，大埔是我們大林慈濟醫院的責任區，所以醫師常常去做義診，功德無量！加上社工、志工們整個團隊的用心關懷及照顧，不只改變了阿嬤的身體，還改變了他們一家人的互動。

另一個與孝順有關的故事，則是大林慈濟醫院志工林葉分享：一位六十多歲的孝子，年輕時因任職臺灣一間很有名的大公司而前往沙烏地阿拉伯工作。他是獨生子，有天爸爸突然往生，沒能來得及看父親最後一眼，當時既難過又想家，也覺得這一輩子會良心不安。他老家還有一位輕度中風的老母親，於是決定把沙烏地阿拉伯的工作辭掉，回家照顧母親，好好盡孝道。

原本老闆不准他辭職，幾經懇求後，老闆終於說：「好啦，要不然我在臺南也有承包一些工作，你很會『看頭、看尾』，就請你幫我負責巡查一下。」這位工作認真的孝子，時間一到就出門巡查。他在臨出門之前，一定會先盛一碗白粥慢慢地餵媽媽吃，大約要花一個小時餵飽媽媽後，才出門工作。

那天，媽媽出奇睡得晚，他不忍叫醒。媽媽睡醒後，看時間這麼晚了，隨即催促他去工作，但這位孝子卻說：「不用啦，媽媽妳安心、慢慢地吃，我不急！」沒想到，餵到一半的時候，突然接到一通電話，是老闆交代他負責巡查的那一處工地突然傳出爆炸，十多位工人被火燒死了。

當他到了現場，著實嚇到，也突然驚覺：「奇怪！大家都死了，我為何沒死？」於是跑到了「六房媽」去求籤，抽完籤之後，一位廟公將書翻開，說：「六房媽給你這支籤，叫做孝子感動天，暫時讓你度過一劫。」他一聽到是暫時度過一劫，立即跪下發願要做好事，而且全家都要吃素。

在協助處理罹難同事的身後事，他發現事前有保險的家庭，日子都很好過；而那些沒保險的家庭，太太還要揹著孩子外出辛苦工作來撫養全家，於是他毅然全心投入保險工作。有一天，他帶著保戶去醫院做身體檢查時，不知為何，突然想到自己也乾脆檢查一下。不料，檢查結果出來卻是得了白血症！緊張無措的他，又趕緊跑回到六房媽處所擲筊、抽籤。問了幾家大型的醫院，該去哪一家就醫，都擲沒筊時，問到大林慈濟醫院，卻連擲三個聖筊，於是就來大林慈院治療，而且控制得很好。

在大林慈濟醫院治療時，志工們送餐進去，他若是坐在椅子上，一定會趕緊站起來，兩隻手對志工一直合掌、一直合掌。志工們對他說：「不好啦！你不要這樣跟我合掌啦，我本來就該幫你送飯來。」但他卻說：「沒有喔，那六房媽給我指點，說慈濟這師父，是眞正的偉大！」

聽完林葉的分享我眞覺得人在做、天在看，一個孝順的人，一定得到上天的福報，所以能在冥冥中逃過一劫。

人之本在於孝，能孝敬就有福，能夠知恩反哺，乃大福之人。過去生與父母有緣，今生藉父母的緣來到人間，對父母孝而順之，是爲人子女的本分事。孝養雙親的心，是清淨的佛心，對父母不孝，敬神也無益。父母爲堂上活佛，向父母問安，如同拜佛；讓父母歡喜，意即供佛；父母的祝福，勝於求佛賜福。

孝的方式是順，善順親心莫忤逆，不僅物質奉養，還要和順、尊重；而讓父母歡喜、安心，就是孝順。子女發自內心的敬重，展現的真心笑容，對父母而言，是世上最溫馨、貼心的表情。長養孝心，就能創造愛與善的循環。

從個人回歸善性之孝行做起，如漣漪圈圈擴大，及於小家庭的家人之間、中家庭的人倫之間以至大家庭的天地之間，人人力行孝道進而自愛愛人、敬天愛地，萬物才能共生息，天下才能風調雨順，世界才能和平無災難。

心要像汪洋大海

大林慈濟醫院志工黃明月分享：一位八十多歲的阿嬤，由兒子陪著來醫院，明月很納悶，阿嬤的兒子最近剛升任主管，聽說很是忙碌，怎麼會有時間陪媽媽？於是問他，他才回說：「我已經將主管職務辭掉了，我要全心陪媽媽。」

明月聽了非常感動，也才知道阿嬤上禮拜因為身體不舒服去檢查，發現是惡性腫瘤。阿嬤的兒子服務公職，卻能在媽媽生病後，毫不猶豫地辭職回家，難怪阿嬤雖然身體不舒服，卻笑得很開心。

阿嬤滿足地對志工說：「我這個兒子很孝順，我的孩子們現在都輪流陪我睡覺。」阿嬤生了九個孩子，在身旁陪伴她的至少都已經五、六十歲了，還能每個晚上陪媽媽睡覺，這種心意，實在很不容易。

於是明月想到阿嬤的孩子這麼孝順，一定有其原因。她問阿嬤：「妳有生氣過嗎？」阿嬤說：「我每次快要生氣的時候，就提醒自己說，嗯？怎麼又氣了，不是說不生氣了嗎？怎麼又生氣了。嗯！不可以，現在脾氣要降下來，不能生氣。」

她說從前年輕時，除了九個孩子，還要照顧自己年邁的阿嬤，每天忙得團團轉。人一忙，就容易失去耐心而生氣，傷害到家人的感情。這位阿嬤很有智慧，每天都對自己說：「不能生氣、不能生氣，心要像高速公路那麼大一條。」因此她維繫了家庭和樂，也讓子女樂於親近、孝順。

後來阿嬤發現心像高速公路還不夠，更要像汪洋大海，「好的要留住，不好的放水流，心要開闊，這樣才能裝船隻。」阿嬤平常講話都引經據典，而且開口都是好話，原來她愛聽收音機，聽到好話就在心裡記下來，照著去做。

阿嬤雖然沒讀什麼書，但說出來的都是感恩的言語，都用寬恕他人、原諒別人的態度，隨時警惕自己，修正自己。她甚至跟明月說，除了心要像大海般

開闊，再來，她的智慧還要像山一樣高。

這位阿嬤實在是一位模範母親，用心而且賢淑，因此九個孩子都很孝順，這樣的人生值得了！真的很令人羨慕。但是社會上能有幾個這樣的家庭啊！真的不多。如果能像這樣正確的教育，父母慈愛，子女孝順，能推動到整個社會，不知道有多好！

在佛法的六波羅蜜，就是六種修持方法，布施、持戒、忍辱、精進、禪定、般若之中，阿嬤不生氣，是忍辱；對家人和顏悅色，是布施；隨時提醒自己，更是精進。煩惱根源有三：貪瞋癡，根本煩惱不除，智慧絕對無法生起。佛陀教育我們，愛發脾氣的眾生，要用慈悲來教導，用慈悲停止他愛發脾氣的心念。社會人士每天所面對的環境與人，缺少讓他培養慈悲的氣氛，也就是缺少「境教」。

我們應該要感到自己很有福；我們周圍的環境，時時刻刻都能讓我們培養慈悲心，時時刻刻都能制止我們的瞋心、制止我們的脾氣——想想，我們是不是很有福？

精進也很重要，在三十七道品的五根五力八正道中，都有精進根、精進力及正精進。人的一生很短暫，時間能讓我們累積功德道業，有時間就要加緊腳步精進，絕對不要「進前腳、停後腳」。

阿嬤的故事說明了一個人即使教育程度不高、家境不好，只要能依照佛陀的法教，認眞修行，生命品質就可以不斷提升，在人世間得快樂的願望，也就沒有達不到的了。

打開所有的門

慈濟有一群「慈誠菩薩」，他們剛中帶柔，如同慈父一般，陪伴、教導許多需要特殊教育的孩子，帶著他們適應社會生活，啓發他們的良能，而且保持純眞之心，懂得孝順父母。這點點滴滴的付出，都是出自無私之愛，像在照顧、拉拔自己的孩子一樣，讓人覺得非常溫馨。

在新北市三重區，有個很成功的例子。這位已經二十多歲的大孩子叫做阿誠，因爲腦性痲痺，長年在家裡封閉自己，不常和人說話。

《慈濟月刊》五八一期，張素玉曾報導阿誠的故事：他在出生後六天內，兩次因沒有呼吸而進行急救。由於父母忙於工作，將阿誠交給爺爺和奶奶帶。阿誠兩歲了，還不會說話，父母以爲他「大隻雞慢啼（閩南語）」，等到發現不對勁後，帶他到處求診，沒能查出病因；直到上了國中才確診爲腦性麻痺，但已錯失早期療癒的黃金期。

阿誠能聽得懂別人說話的內容，但無法完整表達自己的意思。他高中畢業後在洗車場短暫工作二十天，就因罹患憂鬱症而辭職。病癒後，洗車場職務已無空缺，他又因服用憂鬱症藥物副作用，導致體重由七十幾公斤增加爲一百公斤。先天語言表達困難加上行動遲緩，阿誠找不到適合的工作，長期失業。

阿誠的爸爸爲重度身心障礙，媽媽阿秀在工地做小工維持家計，同時照顧先生及兒子，蠟燭兩頭燒。她雖然身心俱疲，但任勞任怨，仍將家庭照顧得井然有序。

只是談到對兒子的愛，她不捨的情緒頓時湧上心頭。「阿誠講話不清楚，我怕人家欺負他，不敢讓他單獨出門，我把他保護得很好。只要我出門，他就跟在身邊。」

先生及兒子長期待在家裡，阿秀也希望能有人帶他們去接觸外面的世界。

二○一一年十月，慈濟志工走入他們家中關懷，並開始帶著阿誠參與環保站的資源回收工作，志工們以耐心、用心、愛心、細心，持續關懷與教導，讓阿誠愈來愈懂事，逐漸學會自理生活，也走出家門學習謀生技能。

「師姊說，要放阿誠出去獨立，就像小鳥要自己出去學飛，不然他永遠沒辦法飛；當媽媽沒辦法給他吃的時候，他就沒法過日子了。」阿秀回想剛接觸慈濟志工李春美時給她的建議。

志工先是鼓勵父子就近到慈濟三重志業園區做環保，並且陪伴前往，漸漸地，阿誠能獨自走路到園區。面對著環保志工，李春美牽著阿誠的手，輕柔問著他：「跟阿嬤說什麼？」阿誠笑瞇瞇並雙手合十地鞠躬：「謝謝，阿彌陀佛！」在春美點點滴滴教導下，阿誠變得彬彬有禮，笑臉迎人，不僅不再需要母親陪伴，就能夠自己到環保站工作，還懂得分擔家務，減輕媽媽的負擔。

兒子的改變，阿秀都看在眼裡：「他變得較獨立，出門後也能夠自己回家，特別是去做環保回來，就很高興。現在反應比較快了，講話清楚很多，也不會

流口水了。」

慈濟志工更經由一次次居家關懷，見證到阿誠「孝親反哺」的行孝典範。

有一次，阿誠早上在環保站，做到十點就回家，環保志工不解地問春美：「怎麼今天這個孩子才做沒多久就回去了？」春美家訪時細問了阿秀，原來當時爸爸臥病在床，阿誠怕爸爸餓著了，趕回家煮中餐，也到住家附近的媽祖廟為爸爸祈福。

有段時間，春美因病手術，無法前去家訪，阿誠知道後，特地帶著兩份金紙去媽祖廟拜拜，一份為爸爸、一份為春美祈福。春美知道後感動萬分，也告訴阿誠，不需要燒金紙，要環保愛地球，只要心念虔誠祝福就好。

阿誠不只心地善良，更是孝順的孩子。他瞭解到媽媽很辛苦，看著媽媽雙手結繭，他會不捨，在媽媽還沒有回來之前，他就會主動煮好飯菜，等媽媽下班回家時，全家人一起用餐；慢慢地，他也會幫忙家事，無論洗碗、拖地等家務，都做得很勤快。

阿誠把對父母的愛化爲行動，時時噓寒問暖：「媽媽，妳騎車要小心，要騎好，拜拜。」「媽媽，妳出門要小心。」貼心善良的阿誠，讓曾經因壓力過大而想尋短的阿秀想到：「如果自己不在人世間，那誰來保護兒子呢？」因此打消了厭世的念頭。

阿秀雖然讓兒子去做環保，但仍害怕他出外工作會被欺負，所以一直不敢放手。直到二〇一四年三月，志工李宗曉加入這個訪視團隊，才爲阿誠帶來了獨立謀生的契機。

宗曉第一次接觸到這個家庭時，心疼阿秀的辛苦，也感嘆阿誠只有二十四歲，人生路還很長，應該要培養就業的能力，讓父母放心。正好阿誠爲了減輕母親的經濟重擔，想學一技之長謀生，卻苦無方向及學費。

宗曉知道後很不捨，利用工作之餘，詢問臺北市及新北市的身心障礙機構，開車載阿誠去報名，一週後再去做簡單測試評估；三個月後，更接送阿誠至新北市身心障礙職業重建服務中心，做了四天的評鑑。隔月評估報告出爐，阿誠必須進一步通過語言能力、溝通協調及職業訓練評鑑合格，才能爲他介紹適當工作。

歷經八個月的想方設法，並由慈濟基金會補助學費，再經志工不斷地鼓勵及溝通，阿秀終於點頭讓阿誠去機構學習。於是阿誠在三重區的第一社會福利基金會學習職業技能，他每週五天參加日間照顧課程，有美勞創作、社區探討、體適能、律動、簡易保健拳、園藝、歌唱、輕食製作，還有烘焙作業、代工、環境清潔的小型作業訓練。

有一次宗曉做家訪時，看到阿誠的桌子上有張紙寫著：「叔叔要帶我去上課。」短短的幾句話，讓宗曉激動得紅了眼眶哭了出來，可見阿誠對於他是完全地信任，兩人的情誼是如此般深厚。

阿誠在第一社會福利基金會的小型烘焙坊努力學習做餅乾，一邊專注地聽老師的教導，手邊按壓餡料到模具裡，爲謀生之路打基礎。上課時宗曉也會陪伴在旁，待阿誠休息時，鼓勵他：「你好棒！你都會做了，要認眞做，好棒！」阿誠聽了，露出了開心的笑容。宗曉說：「我把他當做自己的孩子。這個孩子跟我有緣，我有義務跟責任去輔導他找工作。」這樣的笑容，讓宗曉對這期間的來回奔波，都甘之如飴了。

平時在家，阿誠只有與父母互動，如今多了與同伴的相處，即使這些孩子都不擅長與人溝通，但在訓練及課堂中一點一滴的相處，讓阿誠愛上了上課的日子；有次因爲生病，爸爸不放心讓他去上課，阿誠還不高興地跟爸爸鬧了彆扭。

在專業老師教導下，阿誠專注學習糕點製作，有時也參加禮品包裝技巧的訓練。在第一社會福利基金會服務的陳秋芳老師觀察到阿誠比剛來的時候進步很多，但進步的速度沒有預期的那麼快，預計需要一年的時間才可以培訓成功。雖然阿誠前進的步調緩慢，但終究是踏上了改變人生的道路。

慈濟人希望這一群特殊的孩子不要封閉了自己，應該要開啓他們的智慧門；他們有些狀況很嚴重，無法動作，可以開啓他們的生活功能；講話不流利的，則要開啓講話的功能，這都需要愛的能量投入。

慈濟人看到因緣成熟了，會讓孩子走出家庭去工作，去學習自我謀生，所以把他們帶來環保站，先跟慈濟人群、環保菩薩一起做事，與人群打成一片，然後才慢慢地導入，輔導他們去學一技之長。

原本阿秀對兒子只能以「照顧一天是一天」的想法度日，根本不敢奢望兒子能獨立謀生，也不敢想像阿誠的未來，現在，兒子不但在志工的陪伴下獨立許多，更開始學習技能，讓她也對未來的人生燃起希望。

「從來沒有想放棄過阿誠，這是我的責任，我不能逃避。你們這麼用心幫我們，我更加不能放棄。我希望到一個年齡、一個程度的時候，他可以照顧他自己。」阿秀感激地說著。

因爲媽媽總有一天會老去，總有一天會凋零，應該要讓孩子學習自立。志工陪伴著他們，讓他們適應現代社會的生活，讓他們保持著純眞的心態，啓發他的功能，懂得孝順，學會一技之長，那一分愛的良能，眞的很溫馨。我們的人間都可以是這樣，有無量的愛，無量的善良，以愛以善爲寶，臺灣多可愛啊！

《無量義經》說：「守之不動，億百千劫」；「無量法門，悉現在前」，菩薩的心是以爲衆生服務爲目的，這種志願並非短暫的，而是從初發心開始，經過億百千劫都不會退轉。他們得一善而拳拳服膺，生生世世都守著爲衆生服務的志節，沒有絲毫自私的心，這就是菩薩廣大的心胸以及堅強的志願。能夠如此，無量法門就會顯現在前。

普門示現神通力者，有無量的悲心，就有無量的法門，因此打開了所有的解脫乃至成佛的門。

父母對孩子的愛永無止盡，而慈濟志工的陪伴及關懷，讓阿誠飛舞在自己的天空，找到自己的路。

幸福，很簡單

二〇一三年一月二十四日是大林慈濟醫院的志工感恩會，幾個月前，醫護同仁就忙著張羅這件事。

大林慈院常住志工張紅芬跟大家分享，有一天，她搭電梯來到志工室，看到護理長劉英美很神祕地抱著一個箱子經過。紅芬問她：「箱子裡面裝些什麼呢？」英美回答：「不能說！」然後直接往人文室走去。

箱子裡面裝些什麼呢？這個謎底在禮拜四那天揭曉，志工感恩會開始後，醫院同仁們排成一排，親自把禮物送到每位志工手上，原來那是跟背心袋一樣大小的灰色袋子，每個袋子裡面裝著一個頸枕，他們又在袋子外層加繡了花，那是一份非常有心、非常用心的愛的禮物。

因爲醫護同仁心想，志工們在花蓮、中區還有大林醫院之間四處奔波，常常要坐火車，於是貼心地選購了頸枕，讓大家在車上休息時，能夠保護頸部。原來那次護理長躲躲閃閃地經過志工組到人文室，就是要把繡花的成果拿去繳交。而每個袋子上繡的花樣都不同，這樣的用心讓人非常感動。

有人拿到的是一個小沙彌的花樣，就說：「哈，我拿到這個小沙彌啊，是在告訴我，要精進再精進，我志工做得不夠多。」有人拿到花，就說：「哇！心花朵朵開，我今年會更好，我要更歡喜地來做更多的志工。」以後志工出門，都是志工袋一袋，頸枕袋一袋，把這份愛心代代傳。

還有，在用餐時，簡副院長還剝好了橘子給同桌的志工吃，志工們都很驚喜：「哇！不得了，簡副院長開刀、開骨科的手能夠剝橘子嗎？而且居然還剝成一瓣一瓣的，方便我們吃到嘴裡。」這樣的用心、細心，這種愛的表現，點點滴滴都流入志工的心裡面。

我聽到醫護同仁這樣的感恩志工菩薩，打從內心、眞誠地奉獻，這樣愛的能量，眞的很感恩。他們精心規劃，用很神祕的方式給大家一個驚喜，那一份大家的心的禮物，不是可以衡量的，那是無量的。

有些志工在大林院區已投入十幾年了，天地這麼大，是什麼因緣讓大家聚在一起？而這個緣，是大家發心立願的緣。其實在慈濟道上，志工是長長久久的。像是李瓊榮老菩薩，已經八十八歲了，他本身是一個重大傷病的病人，可是他不來做志工，心中就不快樂，因爲他感覺做志工，最幸福。

好幾次，瓊榮在醫院宿舍裡，因爲腸痛舊疾被送到急診室，這些護理人員看到他，馬上說：「我們的瓊榮師伯來急診了。」因爲瓊榮老菩薩平時對醫院和病人的無私付出，更讓護理人員像照顧爸爸般地呵護他，這樣的愛，也是我們平常的人際對待很少見的。

還有，貴枝老菩薩也在大林這邊做了十幾年的志工，有一次她在醫院跌倒，骨頭裂傷了，只要有人碰到她的身體，她就喊痛。在醫院治療時，心蓮病房十幾位護士，知道她是獨居老人，就把她移到心蓮病房裡面的值班室去睡覺，方

正業食品有
TEL:(02)23

便照顧。

這種一家人的溫馨與愛，十分令人感動，而人生的幸福，也就在這些日常小事之中，這就是愛的能量。眞的很感恩，我也祝福志工菩薩，你們很有福！把握時間，不管歲數有多大，總是要把握時間，分秒不空過，慧命就增長。

就像泰山崩於前

大林慈濟醫院一般外科醫師張群明分享：大林慈濟醫院啓業多年以來，都是陳副院長一人獨撐神經外科。陳副院長的生活很簡單，只有兩個字，就是「工作」。白天工作理所當然，但晚上值班就比較麻煩了。他大可以說，這個科別只有我一個人，應該有幾天休息不值班，如果有病人，轉到其他醫院就行了。可是陳副院長沒有這麼做，他依舊每天值班，只要有病人需要他，他都會留下來好好地照顧病人。也因爲陳副院長的生活只有工作，爲了與醫院保持聯絡，在過去使用BB Call（呼叫器）的年代，他讓自己的活動只在大林到民雄之間，而這個距離就是BB Call能收得到訊息的範圍。

陳副院長有兩點特色，一是表情非常少，面對任何喜怒哀樂的情境，都非常鎮定，表情沒有變化；二是話非常少，他是所謂標準的「省話一哥」，有些護士同仁看他這樣，覺得很像黑道大哥，於是叫他「陳老大」。

但實際上，以陳副院長的工作型態來看，每天都在工作或是値班，臉上有豐富的表情還眞的是很困難。簡副院長曾說，醫師有一項修煉，就是泰山崩於前而色不變。也就是即使泰山在眼前崩塌，但臉色依然不變，這是指一個人遇事鎮定，不受外界的影響，而陳副院長就是很典型的例子。

當醫生要充分的內斂，還要有充沛的大愛，才有辦法面對疾病苦難衆生，尤其是常常要爲病人開刀的外科醫師。但他們的內斂，並不是拒人於千里之外，而是要跟人心走得很貼近。

因爲陳副院長臉部總是那麼平靜篤定，沒有表情變化，有些患者看到他就說：「陳副啊！你都沒有笑臉，多笑一點啦！」老人家也會提點他一下。可見他雖然沒有笑臉，但其實跟老人家都打成了一片了，老人家才會當面這樣講他。

現在大林慈濟醫院神經外科已經有好幾位專門醫師，人力狀況改善很多了。

曾經長達四、五年都由陳副院長一個人單獨撐著，不敢離開那個小小的地理範圍，眞的是不簡單，看到他這麼忙，我很捨不得。

其實私底下，陳副院長很容易掉眼淚，他是內心很溫暖的人，而這些都不是從表情能看得出來的。大愛臺《指尖的溫暖》節目就是播映陳副院長的故事，大家可以看到一個好的外科醫生，是如何用他前半生所累積出來的良能，爲社會貢獻。

張群明醫師在「志工早會」分享時也講到，外科醫師在鎭定的表情之下，內心眞正的想法。他剛到花蓮慈濟醫院時，收治一位病人，病情原本很單純，是十二指腸潰瘍，但因爲病人沒有好好地照顧自己的身體，後來十二指腸潰瘍就流血了。內科同仁照會外科，張醫師一看到眞是嚇到了，因爲當時病人已經休克、神智不清，全身都腫起來，鮮血一直從嘴巴冒出來。

通常十二指腸潰瘍流血，都是往腸子跑，可是他竟然滿到從嘴巴流出來，可見多嚴重。張醫師見狀，趕快緊急手術，開刀過程也是驚險萬分，病人總共流了一萬三千西西的血，包括腸子裡面的血，張醫師都把它清出來了。事後，張醫師的同事跟他說：「我沒有辦法像你這麼鎮定地開刀，血都已經流成這個樣子了！」

其實，在緊急開刀的當下，張醫師一度也非常害怕，因為血流得太快，止血非常困難。這樣的流血不止，眞的是很可怕，要換多少血啊！等於整個身體百分之九十五的血都換掉了！要如何來搶救他？當時張醫師內心湧現很多想法，甚至覺得可能救不活了，病人恐怕隨時會在眼前死去。

不過，害怕沒有用，驚慌、生氣、發脾氣，也都改變不了事實。在那個當下，唯一能做的事就是，更專注，趕快把眼前這個難關走過去，趕快幫病人解決問題。

張醫師說，從當住院醫師開始，每當遇到這種狀況，腦海就會浮出《無量義經》經文，讓他可以很快地鎮定心思。《無量義經》中說：「醫王、大醫王、分別病相，曉了藥性，隨病授藥，令眾樂服。」醫王乃指優秀的醫師，他的醫術高明，可以分別眾生的病症，同時又精通藥理、正確地施藥。一般人生病，最怕碰到醫術、醫德不好的醫生，如果診斷錯誤、下錯藥，生命就完全沒有保障。

張醫師的病人流了這麼多血，身體狀況一路往下掉，跌到了谷底；醫師在整個過程中，一直很努力地把他的狀況穩住，不要繼續掉下去。在張醫師要回大林慈院前，病人的生命終於從谷底開始爬上來，慢慢回穩。

那時，張醫師遇到的每一位外科學弟學妹，見到他見面打招呼的第一句話都是：「學長，你的病人還活著！」每一位護理師，看到他的第一句話也是：「張醫師，你的病人還活著！」同事和主任見到他，打招呼的方式也相同。可見看到病人能平安活過來了，實在是大家最安慰、最喜悅的事情。

後來，醫療團隊很用心地把這位病人整個照顧好，讓他順利地出院了。

這個案例也告訴大家，有小病的時候就要及早就醫，不要讓外科醫師面臨到這種泰山崩頂的處境啊！我們可以學習陳副院長和張醫師的德行，也還要學習他們的藝高人膽大。事之所成，在多用心！

在最重要的時刻，幫助最需要的人

花蓮慈濟醫院一般外科部主任李明哲醫師分享：臨床上除了必須照顧病患之外，在醫學中心，還必須帶領學生、教導學生如何將獲得的知識運用在醫治病人身上。但是多年來，在醫學系的教書經驗，還是感覺這群醫學生有些難帶，因為知識容易教，但是教會他們醫療的態度跟熱忱，則是比較困難的。

有一次，李主任為了某件事，必須要向醫學院的學生們做說明，但是學生們希望時間安排在畢業典禮之前，也就是臨床工作的最後一天，他們才能夠跟家人有美好共聚的時光。所以希望臨床老師們，能夠允許他們在最後一天不要上班，晚上可以回家。當然，在臨床上，這並非不可行，因為所有工作都是整個團隊一起合作，並非只有一人在做。但是在李主任的心裡，覺得這不只是一件工作而已，而是一份責任。

李主任心想，在臨床任務上，要如何讓學生們能夠理解正確的態度，所以，他向這群醫學生們說了一個故事。

這故事是十多年前，李主任還是位年輕的主治醫師，當年的慈濟醫院沒有多少醫護人員，開刀時，只有自己與一位醫佐員面對面站著，共同爲病患開刀。有一天凌晨，他們兩人努力地爲一位因胃穿孔病危的病人開刀，李主任的太太突然來電，這是個不尋常的來電，因爲太太知道他應該正在手術房，幾乎很少在半夜打電話給他。接了電話之後，太太只告訴他一句：「等一下開完刀，記得打電話回來。」李主任心想，開完刀當然要回家，爲什麼還要打電話呢？所以問太太爲什麼，太太也不解釋，只告訴他：「反正記得打電話回來。」

這檯手術非常困難，好不容易在清晨四點多才順利完成，李主任惦記著太太那句話，於是打電話回去。

太太接了電話，只告訴主任一句話：「你一準備好，趕快回家。」因爲，

靜思精舍

就在主任開刀的時候，他父親正因為意外而大量失血，人在臺北的某家醫學中心急救。

李主任的太太是一位賢內助，不驚動他的心，等到他把病人救好、安全了，才告訴他。因為在那個時候讓他知道也無濟於事，所以這位賢內助，讓先生專心救人。

李主任一早就匆匆忙忙地趕回家裡，他當時只有一個想法：「我接受了這麼多的訓練，空有一身的『武功』可以救很多人，可是卻救不了自己的家人。」他很懊惱，如果能夠在家人身邊，應該可以及時幫助他們，哪怕只是在旁盡一份關心的力量。可是在那個當下，自己卻無法及時協助，因為他意識到醫生的責任，必須在最重要的時刻，幫助最需要的人；而在同一個時間裡，眼前面對的那位病人，是最需要他的人。

那段時間，李主任因工作關係，經常在臺北跟花蓮之間奔波往返，導致他開刀的那位病人非常不能諒解，覺得他疏於看望。他也坦承自己因少不更事，而冷冷地告訴過病人：「當我在盡力救你的時候，我的父親正在別的醫院被別人急救，我救活了你，可是我的父親卻往生了！」霎時，這位病人非常驚訝，並連聲道歉，而當時的他，卻不覺得那是一種善意的回應。

對李主任而言，他失去了父親，儘管從小生長在單親家庭，與父親感情淡薄，仍很難接受這個事實。當他把這樣親身的經歷告訴學生時，也許學生當下在內心會說：「主任啊！你怎麼還在講這老掉牙的故事，這個是從哪本書翻出來的故事啊！用來告訴我們，要我們在最後一天來值班……」然而，李主任始終認爲，如何在臨床上讓學生們能夠瞭解：做任何事情最重要的是要盡到自己的責任，不只是做「想做的事」，而是做「該做的事」，這是非常重要的。

李主任透過個人深刻的經歷，希望能對醫學生的家人們說明一個心態：在這個令人驕傲的日子當中，你的孩子，這些即將成爲大醫王的兒女們，他們必須在最後一天堅守自己的工作崗位，盡力地救治病人，哪怕只是盡了一份小小的力量，我相信這將是他這一生中最難忘的事，他必須要瞭解，這是他的責任。

這是令人很感動的故事，當醫生救活一個人的時候，那一分傳來的訊息，眞的很令人欣慰。我相信李主任的病人也非常地感動，但願這樣的感動也可以感動這些學生，這就是大醫王的典範。李主任以身教典範來教育學生，讓現在的年輕人知道，選擇當醫師是無限的光榮，所以要有這樣的大愛無私。

大愛是無色彩的清淨愛，時不計長短，地不分遠近，人不分宗教與種族，只要有苦難，我們看得到、聽得到、做得到，都應盡量去付出，絕無希求回報的心念。愛得普遍、愛得透徹、愛得乾淨俐落，就是無緣大慈、同體大悲的純淨眞愛。

爲了願心與歡喜心而服務人群的人，能不惜承擔重任，不畏辛苦地勇往直前！只要衆生能離苦得救，就滿心歡喜，別無所求。能幫助別人，能爲社會盡一份力，即使一點一滴都有大用；因爲有一份心，就有一份力量。

所以，希望所有醫學系畢業的學生能夠瞭解，未來不管在任何的職場上，最重要的還是盡心盡力救治病人。儘管有很多時間、很多的日子，我們都沒辦法參與自己的家裡事，可能會產生很多遺憾，但是，不論如何，都要能盡到自己最大的力量。在穿上了白袍之後，能夠盡量治療你的病人，哪怕只是一件小小的事情，都是無上的光榮！相信這也是醫生們畢生的志願。

人情味，最鼓舞

臺北慈濟醫院護理部督導蘇秋萍分享：有一年的十一月，五十三歲的菜販沈先生，在市場收拾攤位時，突然一陣急喘，上氣不接下氣，覺得自己快要沒命。他立刻放下手邊的工作，趕到臺北慈濟醫院急診室，醫師診視後，二話不說，立即安排他住進外科加護病房。心臟外科謀大中醫師診斷沈先生嚴重心臟衰竭，必須要做心臟移植，才有機會活下去。

依臺灣的健保制度，沈先生在還沒等到可移植的心臟前，必須裝「心室輔助器」維生，而「心室輔助器」必須事先申請，並且通過健保局核可才能用。沈先生住進加護病房後，在健保局尚未核可前，突然發生心律不整而休克，經緊急急救後插上了呼吸器；幾天之後，健保局的核可公文到了，醫師立即為他裝上輔助器。

插上心室輔助器，是沈先生感到最有希望卻也最絕望的一刻。感到希望是在於可以安心等待可移植的心臟，性命有救了；而絕望的是那一天他才知道，他太太因爲看到他歷經心肺復甦術的急救，以爲他的病情不會好轉，又想到家裡只是靠賣菜維生，於是沒有告訴他，就偷偷把已經懷孕五個月的孩子，做了人工流產。

沈先生非常難過痛心，他不只一次對醫護人員說：「我這樣活下去有意義嗎？」「我活著到底有什麼意義？」他甚至在枕頭下藏了一把剪刀，想自殺來結束自己。

臺北慈院的外科加護團隊，不斷地用心陪伴、安撫沈先生，希望幫助他平復心情、走出低潮。有一天，沈先生告訴醫護人員：「我在加護病房已經『關』了一個多月，眞的很想到外面透透氣，但心室輔助器的蓄電功能只有半個小時……」

這讓醫療團隊非常傷腦筋，一方面，希望讓他出去走走，看看外面的世界依然如此美麗亮眼；另一方面卻也擔心，輔助器萬一斷電怎麼辦？

一開始，諶主任、楊主任陪伴沈先生在病房裡面散步運動，沈先生得到鼓勵與支持，心情明顯好轉。到了十二月，天氣接連陰冷，有一天，突然放晴了，諶主任一句話：「我們來幫幫沈先生，讓他出去走走吧！」

醫療團隊總動員，甚至包含工務人員，隨時做好輔助器儲電的準備。這麼大的陣仗，陪著沈先生到五樓的空中花園散步，諶主任還陪著他到池邊賞魚。諶主任說：「你看這些魚，牠們游得多快樂，其實牠們的生命，不也是很脆弱嗎？但是，牠們在水中，還是很勇敢地在生存。即使現在還沒有適合你的心臟可以移植，你還是要很堅強地活下去！」

沈先生的小兒子不滿三歲，並不適合到加護病房，但爲了讓沈先生找回求生意志，醫護人員不時安排他兒子來陪伴，沈先生看到兒子，非常開心。醫護人員也安排了接受心臟移植手術成功的病患，來爲沈先生加油打氣。

因爲這些努力與用心，沈先生終於把勸慰聽進去，決定好好活下去，他開始幫著醫護人員整理病歷，爲自己仍能做事、是個有用的人而高興。

醫療團隊爲了一個病人想透氣、散步的渴望，花了這麼大功夫，有人問諶主任：「這樣安全嗎？值得嗎？需要這麼大陣仗嗎？」諶主任說：「醫護人員要做好本分事，我們不是應該好好照顧好病人嗎？」能夠應用畢生所學，幫助病患，減輕他們因爲病痛所帶來的苦，這就是醫療工作者最大的回饋。

這件事眞是溫馨，毫無生氣的一個生命，醫護人員幫他啓發生機，這種愛的能量，還有諶主任愛的陪伴與散步，給護理人員上了最寶貴的一堂課。這都是法，最妙的法，與生命相關的法。

人要互相感恩，彼此讚歎，也祝福我們所有醫護同仁有愛的能量，心中有愛才有福，有付出才有所得。善需大家做，力量才會強；福需大家造，福氣才會大。

心歡喜，就不重

臺北慈濟醫院副院長張恆嘉分享：一位因急性心肌炎住院的病人，原本情況還好，看心電圖也還算正常，但有一天突然惡化，心臟擴大、肺部積水，醫護人員趕緊把他送入加護病房。

那時他已心律不整，用超音波觀察心臟，發現心臟幾乎完全不動，也就是心臟沒什麼收縮力，經診斷是急性心肌炎合併心臟衰竭跟呼吸衰竭，若不趕快處理，病人可能很快就會死亡。

病人在加護病房的第一天，心臟功能還是很差，報告顯示腎功能和肝功能也在急遽惡化，正常人肝指數GOP大概四十左右，他的數據竟超過一萬，黃疸正常指數在一以下，他的數據卻超過六十，所以整個人全身上下，連眼睛都是黃的。

病人的重要器官，像是心臟、肺臟、腎臟和肝臟都在急速衰敗，但病人是清醒的。肝膽科的醫師說：「不行！要緊急換肝。」心臟科的醫師也說：「不行！要考慮做緊急心臟移植。」病人身上插滿管子，面對身體這麼弱、狀況這麼差的病人，對醫師而言，要做到「視病猶親」，恐怕都會覺得太沉重了。

這位病人，其實正是張副院長的舅舅。後來，在經過臺北慈院團隊治療，最後他肝功能和心臟功能都恢復了，而且順利出院。張副院長自己的親人能從死亡關頭到復元出院，家人當然都非常高興，但在急救的當時，醫護人員也承受很大的壓力。

這幾年，慈濟致力於急重症醫療，並且前往很多地方義診，醫護人員看到苦難的人、危急的重症病人，都會積極地付出愛心，但也有人會覺得負擔太重。

張副院長是泉州人，他看到泉州的環保菩薩用扁擔扛環保資源物品走上坡路，心中就想，這會不會太沉重？他的答案是，凡事都在一念之間。當我們用歡喜心去對待所有的病人、對待地球，它就不會沉重。就像張副院長，把舅舅治好出院，他很高興，但這歡喜是一天或是一個月而已；如果把所有的病人都當成親人，人人都是親人，人人都得救，這不就是天天歡喜了嗎？

我們常說醫護人員應該要視病猶親，但張副院長說，在臺灣還是有醫護人員抱怨，對他們而言，視病猶親實在太沉重了。甚至有人對視病猶親的看法是負面的，導致臺灣現在的醫療環境、醫病關係變差，急症、重症部門的醫療人員都紛紛離開。

視病猶親，有那麼困難嗎？一般醫療的人士說起這狀況，心理負擔很重，因為病人常抱怨，現在的人都不懂得感恩，回饋給醫護人員的，往往是惡言惡語，難免付出的人就會心灰意冷，感覺視病猶親是一種負擔。

其實，一念之間而已，自己的親人，我們把他從鬼門關拉拔回來，多麼開心啊！這只是一個月或久一些的時間的開心。如果日日接觸病患，天天成功地把他們拉拔回來，不都是終生感恩，而且終生歡喜！

要感謝被救的人，讓我們有行菩薩道的機會，因爲他們示現了「苦空無常」的人生。所以，生活安穩、四肢健全的我們，怎能不好好把握人生，充分發揮生命的良能。

所以，應該時時感恩那些接受我們布施的人。眞正的布施，除了無欲無求外，還要有一分感恩心。布施，並不是要求得到對方的感謝，而是要以感恩心感謝對方，願意接受我們的付出。

奉獻的純美心靈，就是淨土

人文志業中心戲劇三部李立劭分享：大愛臺在拍攝北區「人文眞善美」志工駱純美的故事，這是一部非常精采、有教育意義的好戲，背後是一段深具啓發性的人生故事。

北區人文眞善美志工駱純美，小時候生活在一個富裕的家庭，但她卻能富而不驕。父親的身教言教對純美影響很深，父女間的感情也非常深厚，父母從小就教導她，「雖然我們家有一點能力，但人生最重要的是能夠幫助別人，讓別人快樂，也讓自己快樂。」有餘力幫助他人，最富有，這實在是很難得的家教。

但人生無常，純美三十歲那年，才五十九歲的父親意外地在熟睡中悄然往生。「爸爸那麼疼我，怎麼會這樣無聲無息地消失在眼前？爸爸到底去了哪裡？

他過得好嗎？」她不禁悲從中來、痛哭失聲。

純美深受打擊後，開始思考人生到底要做什麼？

在慈濟委員翁千惠師姊的接引下，純美走進了慈濟大家庭；她以父親的名義捐款給慈濟，希望能爲父親做些什麼，從此與慈濟結下不解之緣。當時她的孩子還小，每天需要照顧小孩、整理家務，因此只能利用瑣碎的時間做些「動腦筋」不用花勞力的事。她觀察到慈濟志工憑著一顆愛心，各自約好左鄰右舍、親朋好友，搭火車前往花蓮慈濟參觀，因人數衆多，參訪品質就參差不齊，於是有了嘗試撰寫統籌企劃案的念頭。她堅定地自許：「我會做教案，就一定有辦法寫出參訪慈濟的活動企劃書。」

在一個強力大陸冷氣團籠罩的冬夜，大地一片沉寂，唯有純美還目不轉睛地盯著電腦螢幕，生疏地操作這有如另一個世界的產物，儘管敲打鍵盤的速度緩慢，但她深信：只要繼續堅持不懈，就能做出一份能凝聚慈濟人共識的「慈濟列車」活動企劃書。

企劃書一出爐，引導更多慈濟人勇於走向幕前承接任務，使得參訪品質更加精緻化。經過口耳相傳、交流分享，各區的志工如獲至寶，爭相要求索取企劃書的電子檔，她總是謙虛地回答：「這是慈濟的資源，理應與大家共享。」向來不藏私的她，甚至深入每一區宣導，將心得與經驗毫無保留地傳遞給周圍的人。

更難得的是，純美還活用靜思語，在自己教學的班級實施「好話教學」，啓迪孩子們的良善，拉近父母子女間的距離。這不僅改變了她自己、改變了她的學生，也影響了學生的家長以及周遭的人群……

《慈濟月刊》三四〇期，林世雄曾報導純美的教學經驗及成果。純美從初執教鞭開始，就一直擔任國小低年級的導師。以往，她的教學心態總是：「我是老師，你們是學生，你們怕我是應該的。老師與學生之間本來就應該保有距離；孩子怕我，表示我善盡職責，夠嚴格。」

學生在嚴格的教學之下，雖然有不錯的成績，但卻讓自己長時間精神緊繃；而且她發現，在高壓手段下，孩子們並未發自內心來遵守常規，只因害怕受罰

而表面聽話，所以一旦老師不在教室，秩序便一團混亂。

在參與慈濟活動的過程中，她看到慈濟人無怨無悔，出錢出力卻無所求的種種善行，在深受感動之餘，決定將所見所聞也與那些天眞爛漫的孩子們分享——她想告訴學生們：「在你們看不到的地方，有許多好人在成就許多感人的好事！」

從此，她經常利用「生活與倫理」科目的時間，和小朋友們談慈濟的故事，而不再僅僅是用高壓的教學方式來教育孩子們。

後來她開始實施靜思語教學時，爲保持教學中立，內容選擇宗教氣息較淡的素材，並且改稱爲「好話教學」。

她寫給孩子們的第一句好話是：「普天下沒有我不愛的人。」當時，外蒙古正陷入前所未有的經濟困頓，許多外蒙的孩子在酷寒下衣食俱缺，於是她以「好話」配合「好行動」，發起「小朋友來救小朋友」的活動，請小朋友省下飲料錢，合力幫助外蒙的小朋友。那一次，除了孩子，學生家長也熱烈參與，人人都經歷一次美好難忘的付出奉獻經驗。

此後，她每天都抄一句「好話」在黑板上，並加以說明，同時配合講述慈濟世界各種故事，引發大家心生「見賢思齊」的榮譽感，及見到人間悲苦後的感恩與惜福。赤子童心原本純良，經老師巧妙引導，不久之後，即形成自動自發、進退有禮的班風。

由於每天必須教孩子們一句好話，在準備教材的過程中，純美先行將靜思語用心咀嚼及反芻；爲了起帶頭作用，她必須從身教中去落實言教。結果，她發現自己成了「好話教學」的第一個受惠者；而孩子們的分享與家長的回饋，更豐富了她的人生，因此她常覺得自己是實施「好話教學」的最大受益者。

看看現在的教育體制過於重視知識、技藝的傳授，加上教學方法不夠完善，使得現在的學生，普遍缺乏獨立思考及自我反省的能力，待人處世上也缺乏磨練，於是，造就了許多很會讀書卻不太會做人做事的學生。

爲了彌補這項缺失，純美的「好話教學」特別著重在「省」與「行」兩方面的功夫：藉由內省與力行能力的培養，使正確的人生觀與價值觀，能根深柢固地根植在孩子們的幼小心靈中。

這樣不斷地薰習，發揮了潛移默化的效果，孩子們的思想與行爲漸漸地向善的一面發展，因爲他們相信「心善便是在天堂裡面；心惡便是處於地獄」的道理，因此對於「惡因」的免疫力愈來愈強了，遇到不好的事或行爲，他們便會很自然地反應：「不該去做！」

每天，純美讓孩子們在家庭聯絡簿上寫下他們對「好話」的心得，並在隔天的「生活與倫理」時間，請孩子們上臺與大家分享他對「好話」的看法、聯想及實踐的情況。如此一來，孩子便有了培養思考的環境與機會，他們不再只是一個教育的接受者，他們同時是一個「給予者」——把他們的成長回饋給老師及其他同學。

批閱班上同學的好話教學心得報告，總是令純美會心莞爾。

有位小朋友以前常因得到學業成績優良的獎狀而得意洋洋、炫耀不已，但

當他寫到「不能低頭的人，是因爲一再回顧過去的成就」這句好話時，天眞的他發現「得獎狀是用功讀書贏得的獎勵，而不是拿來炫耀的。」「怕我會變得很驕傲、很自大、瞧不起別人，所以，我經常拿這句好話來警惕自己。」「所以以後我得到獎狀時，我就只會拿去給爸媽看而已，不再說一些炫耀的話了。爸媽都說我好厲害，以後還要加油。聽到爸媽誇我，我好開心喔！因爲讓父母開心就是孝順。」

二年級的小朋友有著「初生之犢不畏虎」的膽量，而且上臺發表感想，可以獲得獎品及受到老師、同學們的讚賞，不管同學說得如何，大家都給予熱烈的肯定。因此，幾乎所有的孩子都上臺過。在如此充滿歡樂氣氛的課堂中，不僅訓練了他們思考的能力，同時也讓他們從小就有面對群衆演說的磨練機會。

在行的方面，爲了使「靜思語」能落實在孩子日常生活中，每天的回家作業一定包括三樣「行」的功課，即：「口說好話，心想好意，身行好事。」純美請家長配合幫助記錄孩子們在家中的具體行爲，以時時啓發孩子「身口意」三方面的清淨良知、良能，鼓勵孩子做個能知又能行的小菩薩。

採用靜思語教學以來，令人感動的情形時而發生，其中有兩件事令純美最爲印象深刻。

有一次，她在課堂上表示想邀請一位小朋友一同前往花蓮，向我及慈濟人分享好話教學的心得，由於得知將面對兩千多人，這位小朋友緊張地表示不敢去。就在此時，全班同學異口同聲地鼓勵他：「信心、毅力、勇氣三者具備，則天下沒有做不成的事」，「人要克服難，不要被難克服了」；那時的情境令她永難忘懷。

另一件事是全校朝會時，校長問全體學生：「你們認爲哪一位老師最像你家裡的媽媽？」本來校長的預設答案是「每天站在司令臺上叮嚀同學的導護老師」，當時，只有二年二班的學生舉手，當校長請他們回答時，同學們卻齊聲表示：「我們班上的駱老師！」這讓她感覺窩心極了，因爲「現在的我已不再只是擁有家中那兩個孩子，而是擁有四十位子女」，而這份甜美的情意來自「用父母的愛心來愛普天下的孩子」。

進入慈濟十年後，四十幾歲的純美在慈濟已承接多項職務，但在學校課堂上手機不便開機，以致慈濟人經常在第一時間聯絡不上她，爲此她深感歉疚。有一天，慈濟文發處何日生主任與幹部分享時說道：「人生充滿選擇，你可以選擇自己要過的生活。」這句話深深觸動了她：「對喔！爲什麼我不過自己想要的日子，而放任被日子過？」

經過深思熟慮，她向學校提出退休申請；校長和家長都極力慰留，純美堅決地告訴他們：「我很清楚人生的路在哪裡，我一定要早日投入慈濟。」同事勸她：「一次退休和月退休金差距很大，妳不再熬個幾年？」純美淡淡地回答：「錢夠用就好，這正好讓我解脫金錢的束縛，學習『捨心』。」

全心全力投入慈濟後，二〇〇三年七月，純美有感於慈濟志工「前腳走、後腳放」的灑脫特質，致使賑災、訪貧、骨髓捐贈……太多眞善美的畫面沒有被記錄下來，著實可惜。於是，她大力鼓勵志工們勇於出來分享：「在精神層面要前腳走、後腳放，但慈悲的腳印卻不能放，必須烙印下來留傳給後代子孫。」

純美認爲，以環保來說，她自己只是在日常生活中善盡物命，提倡環保觀念；而環保志工卻是親身投入汙臭的垃圾堆中，去做資源回收；他們少欲知足，並且惜福造福，這樣的人生多美！多麼富有人文精神！這樣美的人文，實在值得深入探討。像這樣長期無所求付出的志工，都是慈濟之寶，也是臺灣之寶、人間之寶，是眞正值得向世人推崇的精神典範，必須被記錄下來。

世間分秒鐘，都有慈濟人在活動，若是當下不予以記錄，未來將無從探知慈濟起源及發展。慈濟已有五十年歷史，早年種種缺乏影像及文字記錄，如今要再追蹤，只能憑口述，當時的人、事、物已是「遙不可得」了。

純美像個拓荒者，從無到有，默默開墾，她只有一個單純的信念：一心做個讓我「安心」的貼心弟子。自許容易，但眞善美的推動及人才的養成，絕非一蹴可幾的。純美花了近三年的時間建立完整架構，再以三年的時間讓慈濟人認識人文眞善美的功能，同時讓各區幹部重視人文眞善美的人才，明白護持眞

善美團隊，就是爲社區留下歷史。

人才養成之後，人文眞善美已邁入影音、文字、圖像等作品的發表期。當年，我期許人文眞善美這顆菩提芽能蔚然成林，在純美「眞」切地規劃，隨處奔走推動廣結「善」緣下，今日，成果才能一一完「美」呈現，她不但做到了我對眞善美團隊的期待，同時也帶領人文志工超越極限，完成自我。

欲淨化人心，文化是一股強大的力量，文化是人與事的結合，有人與事才有人文和歷史。文化工作的旨要是「淨化人心」，這是永遠不移的使命；而慈濟文化工作者，就是致力於探討及闡揚那些動人的慈濟人事。什麼是慈濟的人文？清淨無染的愛，就是慈濟人文；而這分「做」的行動，便是慈濟人文的根本。

此外，値得一提的是，純美的夫婿洪榮隆當時是數學名師，也熱愛文學，兩人是一對感情很好的夫妻。不過，這一切在純美加入慈濟之後，開始產生了很大的分歧。

因爲洪榮隆個性比較拘謹且傳統，他希望純美能夠每天回家煮飯、帶小孩，在家裡等他下班回來。

但純美不這麼認爲，那時她在慈濟世界有很大的付出和施展空間，發揮了很大的功能，對於慈濟的事務非常積極。純美與先生因此產生許多衝突，最嚴重時，洪榮隆甚至跟純美說：「妳到底要選擇慈濟，還是選擇我？」

漸漸地，隨著時間的改變、人生的成長，他們的關係在不斷地磨合中，有了轉變。二〇一二年，洪榮隆也受證成爲慈濟人。從一開始因爲慈濟，雙方有些爭執，到現在兩個人都參加讀書會、做活動，非常歡喜地在慈濟中，重新開始「做學生」——學習夫妻相處之道。

夫妻是同修，要同志願，兩人如何圓融相處，是人生功課。夫妻之間要比誰愛誰，不要比誰怕誰。

純美很陽光，做事很負責，她把人文眞善美志工帶得很好，包括讀書會、經典、時代見證及慈濟大藏經的編輯等等，她都很負責任，絕對是求好心切。

《無量義經》云：「靜寂清澄，志玄虛漠，守之不動，億百千劫。」這是靜思法脈，從自我內修做起，心時常保持「靜寂清澄」——無雜念、清淨的大愛、無染的本性，不要因爲外境紛擾、貪瞋癡等無明而染汙。學佛、修行所追求的最大目標，就是回歸清淨本性。

靜思法脈勤行道，慈濟志工都是靜思弟子，要殷勤精進。人生無常，平安時要把握時間不空過，只要眞善美菩薩用心，就能留住歷史，存在千萬年。

唐代的玄奘法師要經過遙遠的路途，克服路途中種種險惡，歷經千辛萬苦取得經典返回中土；人文志工爲「現代玄奘」，無須千里往返，周圍的人都是取經的對象。

無量法門就在你我身旁，彼此投入彼此的生命之中，探討每一個生命的那一部大藏經，雖說是探手可得，卻都要費心思深入了解。

人生的責任，是要做利益人群的事。「志工」是將眞誠的愛，當作生命的一部分，並身體力行的人。能付出的人生，最快樂也最踏實，奉獻付出後的心靈享受，就是淨土。人文眞善美的志工菩薩，的確是眞善美；有他們，慈濟才能留下歷史的典範。玄奘法師萬里取經，眞善美菩薩則是隨手記錄，大藏經俯拾皆是。

人文志工記錄慈濟菩薩行跡，其實本身也是值得記錄呈現的典範人物，因爲每個人的身上都有一部經。

總之，希望經由一位人文志工的成長史，帶出人文志工的歷史，讓大家清楚人文志工如何守護慧命，爲慈濟寫歷史的因緣。

醫師的考試

臺中慈濟醫院曾經參與演繹〈行願〉手語劇，表現得很圓滿，神經外科林英超醫師也參加了，但以他壯碩的身材，練起來其實很辛苦，而且神經外科很忙碌，一進開刀房不知道幾個鐘頭，哪有辦法定時來練習？可是演出時林醫師跟大家沒有秒差，動作整齊，大家的表演很有韻律、有節奏感，真的很漂亮！

這一次演出，大家同舟共渡，我衷心希望大家的和而齊一，是永遠的、永恆的。

感恩人人都是真誠的付出，盡量要讓我安心，不用煩惱，原來慈濟人也是很疼惜我，我領受到了，感恩！這叫做「合」的供養，他們心的供養，真正好。

其實，平常排演恰巧都選在林醫師手術的日子，他沒辦法準時參與，有時甚至是沒辦法參與。但他還是很精進，在車上利用時間聽手語劇音樂先預習，也因爲經常聽、跟著唱，他就好像可以想像得到要渡海到日本弘法的鑑眞大和尙，在那麼久遠之前，爲了一個目標，而要到彼岸，更在驚濤駭浪中，萬衆一心、同船一心的精神。反觀現在社會的一些形勢，以及醫院的一些處境，讓他覺得自己不能夠缺席這項活動。

於是在最後的一、兩週，林醫師在其他人的幫忙及教導下，終於跟上進度。演出前一天，院長又根據時事的分享，讓大家瞭解到當前的處境後，大家較能體會當初鑑眞大和尙的心境，讓法入心。因此在我觀看演出的時候，大家才能夠都是如此地全力以赴，做到最完美的演出。

林醫師分享時說，臺中慈院這艘法船，不只是要能夠航向彼岸，更要守護生命、守護健康、守護愛。他希望這艘法船能夠實現我對於醫療志業的理想，他也以身在法船之中，深以爲榮。

林醫師有這樣的心情，我是理解的。醫師門診的時候就像考試，每次病人大德來「考試」，往往在三十秒、五十秒內就要給他一個答案。

林醫師說到，有一位從臺北來就診的病患，說他去各家醫院看病、吃藥都沒有效。感覺他的頭痛只是一般的狀況，但不知爲何他吃藥就是都沒有效果。

林醫師細細聆聽了他對於頭痛症狀的描述之後，便開了一些藥物爲他治療。後來回診，他很高興地說林醫師開的藥能夠改善百分之九十五的症狀。他的女兒就私底下問林醫師：「爲什麼同樣是這些藥，其他醫院診所給的會沒有效？」

林醫師輕聲地跟她說，其實他的方法只是用心去聆聽，聽他父親身體到底哪裡不對勁，再給予他正確的處方。另外，醫師也給他信心，告訴他，我們一定會幫他的忙，給他安心，讓他了解其實身體的問題並不大，這樣子身心並行，藥的效果當然就會顯現出來。

雖然林醫師在門診時接受病患大德的「考試」，非常的辛苦，但每次門診，也都會有一些讓病患或家屬衷心感謝的回饋，讓他們很欣慰，所以醫師都很甘願做、歡喜受，在一整節漫長的門診中，絲毫不以爲苦。

我們常說要有慈悲心，給人安定、幸福，是大慈心的作用；用心救拔、度化，是大悲心的發揮。慈悲不只用口說，而是要身體力行，走入人群付出。有愛心予人群，對己就是造福業、得福果。

怕打針的阿嬤

大林慈濟醫院腎臟科主任蔡任弼分享：有位阿嬤來洗腎，因為每隔兩天就要打一次針，她很怕痛，不管醫護人員怎麼細心處理，她都還是覺得疼痛，經常抱怨，後來索性就不來了。

慈院的醫護人員很慈悲，不斷地打電話勸說，即使被她掛電話，還是極有耐心，後來轉而拜託她的孩子，請她務必過來醫院。結果，阿嬤竟然氣到不跟孩子說話，直到一個多禮拜後，身體受不了，只好拜託孩子帶她到大林慈院掛急診。

急診時，她大罵：「醫師和護理長都沒有把我照顧好，才會讓我這樣子。」護理長和醫師連忙跟她說抱歉、對不起。沒想到，阿嬤反而不好意思：「啊！

我都沒有乖乖來洗腎，眞是『歹勢』！」當洗腎室護理師將針頭插入血管，阿嬤一邊看著血液透析管流動的鮮血，一邊客氣地向醫護同仁感恩：「這條命都是你們幫我救回來的！」在那一刻，大家一定想不到，這位怕打針的阿嬤原本是多麼氣醫護人員！

阿嬤住院之後，大林慈院的醫護人員繼續跟她本人及家屬好好溝通，此後，阿嬤每次來洗腎，都對護理師跟醫師非常客氣。同時，大林慈院的醫護人員在爲阿嬤打針時，也會特別小心，盡量不要讓她感覺到痛，她也會跟大家說：「感恩、謝謝！」

其實，醫護人員除了對病人有責任之外，可以再多用心、多關心他們的心理狀況。笑容、柔軟、體貼、付出，是愛的表達。人人付出一分愛，能轉危機爲生機，轉禍爲福。

時間過得很快，蔡主任已經從慈大的醫學生，成爲大醫王，他是一位好醫師，很多人都誇獎他。我們眞的對病人除了多用心還要多關心，更需要多些耐心，病人的脾氣本來就是這樣不穩定，所以我們總是要對他們多用心耐心關心。還有，護理人員正如同白衣大士，都是眞誠純潔的愛！

給人安心

大林慈濟醫院第二外科加護病房護理長陳如晶分享：一位四十多歲的男性病人，因爲腦瘤多次開刀，病情不穩，住到加護病房。由於反覆感染和發燒，狀況並不樂觀，他的太太非常緊張，甚至從高雄搬來醫院的休息室，跟著一起住院，爲的就是每一次會客時間都能進去看他。

太太跟先生的感情非常好，會面時，總是握著他的手，跟他述說家裡大大小小事情。醫護人員和志工菩薩發現，這位太太如果繼續這麼緊張擔心下去，恐怕自己也要病倒了，於是決定介入輔導，跟她談談，看看可以提供什麼幫助。

志工發現，這位太太一個人住在休息室，爲的只是一個安心的感覺。因此，大家把慈濟的福慧紅包和佛珠，毫不保留地轉贈給這位太太，並且跟她說，她比先生更需要這個祝福，好度過難關。這個太太的心，慢慢地就安定下來了。

之後，她先生的病情也慢慢穩定下來，轉到呼吸照護中心。如晶後來有機會到呼吸照護中心，遇到這對夫妻，太太總是很激動地握著她的手說：「眞的感恩這一路有你們陪伴，讓我們能夠安心地走過來。」

這樣的夫妻情，實在很不簡單，病人需要照顧，照顧病人的太太也需要人膚慰。先生的病，讓太太不能安心，所以除了醫護人員以外，還要志工菩薩的陪伴與開解。

慈院的醫護人員不只照顧病人，連病人的家屬也照顧到了。他們跟家屬建立起互信濃厚的情誼，讓家屬能夠定心、安心地度過惶恐無助的過程，實在非常難得。

眞的很感恩，人人都受到醫院團隊的呵護，我們爲他們祝福，給他們祝福，安她的心，這都是大家智慧的照護。

衆生多數心亂不定，易受境界迷惑；思想一散，精神不能集中，做事就會亂。學佛沒有別的，就是「使心住於一境而不散亂」。三十七道品有七覺分（七菩提分），其中之一是定覺分，定即禪定，不生煩惱妄想，才是眞正的禪，時時刻刻都可以生活在安然自在、快樂的境界。

關心別人就是關心自己，救助別人就是救助自己。健康的人，要照顧不健康的人；平安的人，要照顧有災難的人。慈濟是個清淨的世界，包含無限的愛心。佛法說有愛有汙染，但是慈濟的世界充滿了愛，卻沒有一點汙染，就是因爲付出而無所求。

柔和心的護理師

大林慈濟醫院急診科護理長劉台娟分享：新春期間，每間醫院急診室都人滿爲患。有一天早上，一位阿嬤發燒，由兒子陪同到急診室。因爲需要留尿液檢體，護理人員依常規拿了一個消毒棉纖及檢體盒，向病人及家屬解釋如何留尿液以及使用消毒棉纖。過程中，可能因爲護理人員說話的速度比較快，家屬本能地回答說他聽不懂。

護理人員又很常規性地再解釋一遍，家屬還是說他聽不懂，且話中已經帶有一些怒氣，指責護理人員的態度不好，而且講話速度太快。

他愈說音量愈大，護理長看到了，趕快過去幫忙協調。不料，人還沒到，護理人員又出聲了，護理長非常緊張，深怕雙方吵起來。結果護理人員是對這位家屬說：「大哥，歹勢啦！我不是故意的，我講話速度比較快，這是我的缺點，我自己知道，我有在改進了。你不要生氣，我再講一遍，你慢慢聽，我慢慢講，你有什麼問題，再問我。」緊接著，她又再解釋了一遍。

等護理長走到床邊，護理人員拉著她，她以爲是要講家屬的不高興，請求幫忙處理解決，沒想到護理人員是說：「趕快！趕快！我們趕快幫阿嬤再翻身，換換尿布，整理一下床鋪，讓她舒服，可能就會減緩她的情緒。」她把病床的簾子圍起來，用很熟練的動作、溫柔的態度，幫阿嬤理出一個舒適的床鋪，還不時提醒阿嬤：「要記得留尿喔！這是妳必須要做的喔！」阿嬤點點頭。

一切就緒，簾子打開，家屬突然趨前，跟護理人員說對不起，他剛剛講話比較大聲，嚇到大家了，請護理人員不要跟他計較。當然我們的護理師也是對他會心地一笑說：「不會啦！不會啦！大家新春期間，你不生氣我不生氣，大家趕快把阿嬤的問題處理妥當，最重要。」這時候，家屬也對我們的護士會心地一笑，這樣一種態度，就化解了即將發生的口角。

台娟問了這位護理師：「剛剛家屬這麼生氣，妳怎麼這麼有耐心？能跟家屬緩一下，還自己先柔軟，先跟他道歉？」這位護理師的回答，讓她非常感動，她說：「台娟姊，其實家屬帶病人來這邊，一定是病人有問題需要我們解決，我們只要把病人放在第一位，先處理病人不舒服的狀況，給她處理得舒適，家屬就會安心。而且，我們用心在做，家屬應該也會體會到我們這分心。」

這番話令人非常感動，這就是慈濟的精神，不但「做，就對了」，還加上一句，「而且是幸福的」。相信我們急診室的醫護同仁會繼續地幸福。

的確，現在的人，有時很沒有耐心，有時是地方人士聽國語，應該也是聽不很清楚，而且，我們年輕護理師講話可能快了一點，所以在做護理工作時，也要常跟年輕的護理菩薩們講：「說話慢一點」，可能病人會比較聽得清楚。

不過，我們的護理師眞正做到了那一份的純潔，那樣的體貼；她能理解到人有病的時候情緒不好，家人陪著病人也會煩躁，能夠體貼到他們的心。

我們這一位菩薩，眞正的白衣大士，如觀世音菩薩那樣的寬純的心念，我

聽到了，也是很歡喜感恩。這都是平常有資深的護理菩薩們在教導，是身教的典範，所以她們看在眼裡，吸收在她們的行動裡，也要感恩你們，我要向這一位菩薩說：「了不起！」讚歎她！

佛陀開啓了四攝六度法門；「四攝法」是布施、愛語、利行、同事。「布施」是給他、幫助他；人在困難、欠缺的時候，如果能及時幫助他，他會很感恩、很歡喜；感恩、歡喜就是結好緣。慈濟人是哪個地方有需要，哪個地方在求救，不論白天或晚上、下雨或颱風、或近或遠，都能馬上將眾生所需要的，送到目的地去幫助他們，幫助之後還要「愛語」。

「愛語」是布施的時候，要常常想著感恩對方。要感恩他願意讓我們陪伴，一起走過險難的道路，感恩他願意讓我們牽扶。行菩薩道要有境界，眾生的苦難，就是菩薩修行的境界。

照亮別人做曙光

大林慈濟醫院過敏免疫風濕科醫師黃光永分享：某天門診，已過午餐時間了，一位掛一百多號的患者，等待很久，才坐著輪椅由爸媽推進來。她是位不到二十歲的小女生，身形很瘦，四肢纖細。爸媽一進來，憂心地拿出一大疊影印的就醫資料，都是臺北、臺中各大教學中心的就醫、就診病歷，包括腫瘤科、感染科、免疫風濕科等，還因腎臟發炎而住院三次。

腎臟發炎病因，大多爲酗酒、膽結石、血脂高，但小妹妹才十幾歲，沒有酗酒、肥胖、結石等病症，爲何要住院呢？有醫院的胃腸科醫師擔心是胰臟癌，要爲她做切片，但小女生和家長都很擔心。因爲先前有一次就診，小女生因頸部長淋巴結，醫生懷疑是頭頸部的腫瘤，要求切片檢驗以明病灶，但這小小的切片手術，卻意料之外引發她氣喘、血壓下降、呼吸衰竭住進加護病房，從此視切片爲畏途。這一次他們來到慈濟醫院，是希望找出正確的病因。

黃醫師仔細檢查後，發現女生的大腿有紅色的疹子，詳問下才得知，疹子會因發燒而更多更明顯，關節和喉嚨也會痛。醫師懷疑可能是自體免疫性疾病。先抽血用藥物治療，一週後報告證實是「史迪爾氏症」，一種血液中血鐵蛋白過高的病症。正常人的血鐵蛋白數值是兩百以內，有人甚至只有個位數，但這位妹妹卻高達九千多，正是成人型的「史迪爾氏症」。

這類患者會有發燒、起疹子、喉嚨痛、脾胃腫大、全身發炎的症狀。醫師對症治療後，沒讓她住院，只選擇門診打針。一個禮拜後再次門診，小女生臉上掛著燦如陽光的笑容，跟一個禮拜前的愁眉苦臉判若兩人。

女孩的媽媽對醫師說，女兒有句話要講，女孩囁嚅地說：「黃醫師，您就像我生命中的一道曙光，帶給我希望！」

黃醫師聽了，感動到眼淚差點流下來，他跟女孩說：「我的願望就是讓妳下學期，能趕快回到學校去上課。」聽到病人真誠的回饋，眞是當醫生最快樂的事。

黃醫師一定很有成就感，一疊厚厚的病歷，找遍各大醫院都查不出她的病因。十幾歲的小女生，還差點又挨一次切片的痛，也許會開錯刀也說不一定。還好！原來大林蔡醫師是她生命中的貴人，吃藥就可以，免去住院、切片，就可對症下藥。眞的要感恩，這是當醫生最好的回報，最好的成就感，我也能體會黃醫師那高興的心情。

慈濟四大志業中的醫療志業，是爲病苦的衆生而設立，人生苦難，貧窮之外，就是病痛最難堪忍。若知道病痛是人生最大苦，就能起憐憫心去付出。

另一個大醫王救人的故事是臺中慈濟醫院肝膽腸胃科醫師廖光福分享：他女兒讀國中二年級，有一天，一位老師突然跟她說：「你爸爸是我媽媽的救命恩人。」他很納悶，仔細地瞭解後，才回憶起這個病人。

那時臺中慈院剛搬到現址，有人爲了感謝廖醫師，捐贈了一臺超音波機給

醫院。有天晚上他看夜診，大約九點多，從其他醫院轉來了一位病人。這個病人在其他醫院、診所急診室看了很多遍，因爲她的肚子很大，醫院都說是肝硬化腹水。在醫院間輾轉拖了一個多禮拜，轉來慈濟醫院時，因爲掛號得很晚，已是倒數第二個病人。

廖醫師當時已經看診很久，看得很累了，通常檢查部門的時段都要安排到第二天，但他瞭解這位病人已經跑了那麼多地方，很勞累，於是決定好好利用診間內這臺善心人士捐贈的超音波機，盡快幫她檢查。

前後不過五分鐘，廖醫師就發現，這位病人不是肝硬化，他高度懷疑是婦產科的疾病，立刻轉給婦產科當天看夜診的戴醫師。戴醫師也很認眞，晚上都看到三更半夜，因此馬上收下這位病人。

對廖醫師而言，這件事已經結束了，沒想到兩年以後，女兒竟來跟他說，這位病人正是她老師的母親。經過戴醫師檢查，確定是卵巢癌，已經有一些轉移，產生腹水才會肚子脹大。戴醫師醫術很高明，把病人治療好了。

一般來說，腸胃科做治療檢查時，都要隔天再來，對患者很不方便。當初廖醫師立即使用診間裡的超音波，使患者很快得到結果，不要等到一個禮拜或幾天後再回來，也免得到時候病情更嚴重。這個病例鼓勵醫師，可以做到的，就多付出一點，多做多得，少做多失。

我們經常說，人生無常，眞的，無常很快就來；但像這位病人，只要醫師多花個五分鐘十分鐘，無常就可能成爲轉機，變成家庭和樂、活得更健康。

人生總是有這麼多的不可思議，人與人之間互爲貴人，對廖醫師而言，他女兒的老師，是教導他女兒的人，是生命中的貴人，結果竟然他是女兒老師的媽媽生命中的貴人，因緣眞是不可思議。

也因爲有一位慈心大德，捐贈一臺超音波機器，讓廖醫師可以即時診斷出正確的病症，所以這樣不可思議的因緣，我們要珍惜，這叫做感恩。因爲每一粒善心的種子，都是不可思議的因緣；在人間，人與人要互爲貴人。

人傷我痛，人苦我悲

「無緣大慈，同體大悲」，慈濟不只是臺灣的，更是全球的。慈濟人尋聲救苦的行動，有時驚心動魄，有時波瀾壯闊！在佛法中，沒有畏懼，只有慈悲。

二〇一三年十一月八日，海燕風災重創菲律賓，菲律賓慈濟志工楊國英和蔡萬擂為護送上億元賑災現金，從宿霧搭船航行到奧莫克，他們歷經種種艱辛波折，終於在最後一刻完成任務，就體現了這種慈濟人的大愛無畏的精神。

強烈颱風海燕登陸菲律賓中部，暴風圈綿延一千八百公里，幾乎涵蓋整個菲律賓，造成至少六千多人罹難，上千人失蹤，四百多萬人無家可歸，受災最嚴重的，是中部萊特省（Leyte）的首府獨魯萬市（Tacloban City）。當時，我正行腳臺北，為菲律賓等其他海外歸來的慈濟志工們授證，得知海燕風災重創菲國，立即請菲律賓志工前往勘災。

同時，包含聯合國等國際組織，也為重災區萊特省啓動救援。慈濟基金會特別成立「海燕颱風賑災總指揮中心」，志工分別在花蓮和臺北，打包毛毯、香積飯等援助物資。十一月十二日，臺灣新竹空軍基地，兩架C-130運輸機，滿載著臺灣的愛心起飛，於傍晚抵達菲律賓宿霧機場，在機場待命的慈濟志工，馬上協助物資搬運。另一方面，宿霧的慈濟志工，已經在白天時候，前往宿霧北部的兩座小鎮勘災、義診、致贈慰問金，膚慰受災居民。在馬尼拉，第一梯次的慈濟賑災團也整裝啓程，五十多位志工，從海運、陸路等方式，接駁前往，抵達重災區奧莫克（Ormoc）和獨魯萬（Tacloban）。

救災的一個大原則，就是大家都要平安，在路途上要平安，交通若中斷要等到暢通，或是就地從最近的地方開始勘災。我也請萬擂和志工蔡青山代表叮嚀前去災區的慈濟人，保護好自身的平安；到災區之後要相互關懷、彼此照顧。對於在前線持續付出的每一位慈濟人，我很不捨大家如此勞累，最重要的是，身體可以累，心不可以累！

慈濟菲律賓分會執行長李偉嵩打電話，說他出生於獨魯萬附近的小鎮，兩地的方言約略相通，現在獨魯萬滿目瘡痍，令他十分難過。島上的人，面對突如其來的劇變，都很無奈，大家坐在那邊，一群一群，三三兩兩的，你看我，我看你，每個人的表情都呆滯茫然又痛苦，後面全是堆積如山的垃圾，但沒有一個當地人起而行、開始整理自己的家園。

說話的時候，他哽咽了，他說：「師父，我雖然是男人，看了，我也忍不住，我又哭了。」我聽聲音就知道他正在哭，災區的景象也很快轉入我的腦海中，那樣的無助，對災民來說，求天不靈、求地不應。在這樣已經沒有希望、破碎掉的環境，不只是外在環境破碎，人的心也破碎了。我立即請慈濟志工啓動「以工代賑」，帶動居民清掃街道，同時給予祝福金菲幣五百元，這遠比當地的最低工資一天二百六十元來得高，因爲五百元並非工資，而是救濟金。

我們不是請工人、發工資，而是要來幫助他們。要抱著救濟的心，鼓勵他

們的士氣，一起為家鄉去付出，趕快恢復生機。其實即使他們不付出勞力，我們同樣也要幫助他，尤其是鼓勵他們，讓他們的心，已經死沉下去的身心提振起來，重新生起勇猛的心。

當時，為了救濟金要發放多少，也有一個討論過程。偉嵩一開始說要三百元，我認為不夠，至少要和馬利僅那（Marikina）一樣，四百元。之後一想，四百元還不夠，我想應該要發五百。事後慈濟志工到當地訪查物價，才瞭解民生用品受到災情影響，上漲了二至三倍，所以五百元其實並不算多。

救濟金預算至少要一億元，但奧莫克是個小鎮，銀行裡別說一億元，連一千萬、兩千萬都沒有，如何把這一大筆現金，從宿霧運到奧莫克，是一項艱鉅的任務。

慈濟志工楊國英總是直接上前線，任何救災行動，都少不了他，任何大大小小的需要，像大卡車、鏟土機、山貓等等，都是他張羅，從外島整艘船載過去。這麼粗重的東西，這麼大的機器，他還是費心力地張羅齊全。

這次，運送現鈔的行動，也由他和菲律賓慈濟志工蔡萬擂負責。楊國英分享說，宿霧的銀行在市中心，比較塞車、人又多，領錢會有危險。幸好有位慈濟人，銀行在她家對面，他們用三臺小麵包車充當運鈔車，把錢運到時，已經是晚上快六點鐘了。

車子從前門進入，國英他們接到錢之後，進入一個房間，先把錢裝進紙箱，再放入行李箱，一共裝了十一個行李箱，然後從後面的門，搬到車上，車就從後門直接開出去。

他們出發時已經是七點多，到碼頭差不多八點，接著就把這些錢全部裝到船上，直接開往奧莫克。

夜色已深，大海茫茫，兩名加起來超過百歲的資深志工，就這麼毫無畏懼、全無疑慮地出發了。

蔡萬擂說，他們心中認定，只要慈濟需要做的，就一定要有信心，要有願力去做。面對苦難的眾生，一定要發大願去救災救濟，這樣做就好了，不要想那麼多。

大家並沒有放由國英和萬擂孤軍奮鬥，一路上，每隔半小時，宗教處副主任王運敬就會發電話簡訊關懷問候，問他們是否快到了。為了沖淡緊張氣氛，運敬還會要萬擂他們記得多幫大家看些天空的星星。

然而，一直到晚上十一點多鐘左右，已經半夜了，他們還沒上岸，我不禁開始擔憂，無法入眠。這些錢，第二天就要發放了，但國英和萬擂還在海上迷航，在這種情況下，說不緊張是不可能的。運敬傳達了我的擔憂，告訴他們，我整晚都掛念他們。他們對我很好，回說會全力以赴，要我一定安心。

我憂心前線志工的安危，也憂心災區居民的重建之路。幸好，我們有佛法。如同《法華經・觀世音菩薩普門品》偈頌：「或漂流巨海，龍魚諸鬼難，念彼觀音力，波浪不能沒。」在觀世音菩薩「施無畏」的心念願力之下，他們終於駛近目的地。

國英說，子夜一過，差不多十二點多時，他們終於看到岸了，趕緊發短訊給運敬，通知他快到了，問題已經解決了。沒想到，由於船長對碼頭不熟悉，不知道碼頭在什麼地方，所以不敢開進去，於是他們就在距離碼頭差不多一公里之外徘徊。

正著急時，國英看到一艘大船，正是他友人所調派，運載大型機具到奧莫克市的船，還好國英有船長的電話，就打電話給他，把他叫起床，跟他說：「請你出來一下，看你左邊有一條小船，我們在這裡。」隨即聯絡請求引航，由船長提供航向定位。

岸上，還有志工以手電筒充當燈塔，指引上岸方向。志工施嘉驛靈機一動，趕快去找海岸巡邏隊，把他們叫出來，大家在岸邊，用燈光照著國英和萬擂的那艘船，船長找到正確的入港航道，終於順利停泊。

前線的志工投入全副心力在重災區，日日消耗體力和心力，需要更多的人力輪替與支援。大家很不忍心投入前線重災區做救援工作的人，所以做後勤工作的人動員起來，很用心地支持前線的人，讓前線的人有精神力量，安心救災。

正當前線志工忙著勘災、賑災的同時，全球慈濟志工也在各機關行號、商場市集，募心募愛。我跟菲律賓的慈濟人說：你知道嗎？我爲什麼敢要你這樣做、那樣做，第一，感恩你們聽話去做，但是我最感恩的是臺灣，給我一股很大的力量，因爲大家看到了師父在擔心，他們都會很發心地做我的後盾。尤其是在每天全球視訊的時候，我就會和他們說，已經有二十五個國家，南、北半球頂著大太陽，頂著大雪天，他們都是在街頭巷尾勸募，捐錢不在多寡，可是他們的愛很充沛。再隔天，我向他們說，已經超過三十個國家，已經超過四十多個國家參與了……如此一直增加，一直鼓舞，使這樣的愛心不斷累積。

我們不只是爲了募款，更重要的是要「募心」，要讓人人能理解，爲什麼要勸募，要讓人人知道，因爲在菲律賓，距離馬尼拉很遙遠的地方，有人受災難，所以要發揮人人的愛心。

有驚世災難，人人應該要有警世的覺悟！在這個時候災難偏多，譬如在菲律賓一直天災不斷，所以人人有警悟的心，人人面對驚世的災難，一定要有警

世的覺悟，期待人人在這個時候，要發揮愛心，用福來消災難。

所以，後勤勸募的用意不是爲了錢，更重要的是透過勸募的因緣，來啓發大衆的愛心，唯有發揮愛心造福，家庭社會才能平安，才能安民心、定國土。

因此，儘管有居民參與以工代賑，卻沒有打掃，只領祝福金；之後，居民得知這些錢，都是來自全球慈濟人的愛心募款，紛紛將錢退還給志工。

這場以工代賑的行動，總計超過三十萬人次參與，十九天之後，獨魯萬街上看得到路，也看得到新蓋的房子，更看到攤販市集，一座城市，開始重生。

志工長期與災民互動，建立了感情，讓他們樂於聽從慈濟人的話語。有人多領慰問金而特地繳回，也有居民向志工承認自己沒有認眞打掃卻領了代賑金而想要退還。許多居民說，一定會將代賑金及慰問金用於修繕住屋、重建家園，不會拿來買菸酒或賭博……這些眞人實事，讓志工感受居民的單純與善良；也許經過這段重建時間，受到慈濟人的薰陶，也能改變他們的生活習慣與態度。

這一次賑災，在大家的生命中烙印了很深的印象，深刻體會人生無常、國土危脆；大家有充足愛心，也甘願向外付出、救助苦難衆生，加強了對內的合和互協，以共同的心志，做有意義的事，這一生才不白來。

菩薩來人間是爲了要救人而來，去苦難之處的目的就是去救人；一個個階段，急難救助告一段落了，災民能夠回來了，回來之後，我們就要開始想：如何再更徹底幫助他們，恢復他們的生態，使他們的身心能夠安定。

《無量義經》說：「菩薩摩訶薩安住如是眞實相已，所發慈悲，明諦不虛；於衆生所，眞能拔苦，苦既拔已，復爲說法，令諸衆生，受於快樂。」菩薩安住在眞實的境界，衆生心處的卻是迷茫黑暗的境界。菩薩心所住的境界光明清淨，安住於實相絲毫不假，能瞭解人生的希望，做利他的事情，也就是做救度衆生的工作，所以時時都安住在實報莊嚴或常寂光淨土的境界，並能以身作則，犧牲小我救度一切衆生，在成就自己之前，先去成就別人，因此於衆生之中是眞正能拔苦的人。

要知道，志工在災區的付出，已經成爲多少人生命中的貴人？參加以工代賑的居民，天天聽志工說慈濟法，他們的心眞的被感化。大家做到《無量義經》所說的菩薩行，不只為苦難衆生拔苦，而且「苦既拔已，復為說法」，只要能夠影響一人轉惡向善，就能對其家庭，甚至對社會有大幫助，眞的很值得！希望能使災民人人安穩生活，這就是覺有情，這就是菩薩。

這次事件後，我叮嚀菲律賓慈濟人要開始「薰法香」，眞正引法入心。要達到付出無所求，遇到再多困難與變化，身心仍然保持輕安自在，平時一定要薰習佛法。

菲律賓連連發生重大災難，救助苦難的同時，也要警覺天地氣候的異常，時時戒愼虔誠。救世要從救心開始，自己的心不救，如何淨化別人的心？人心不淨化，生活在這一片土地上的人都不能平安；能用佛法淨化己心，付出心靈、財富度化衆生，世界才有希望。

人間有愛，這種愛是打從至誠的心而投入，而且那一份貼近了災民的心，與災民同甘苦，讓他們也發揮這一份同理心。我們常常都會聽，人人都會談，我們要有同理心，什麼叫做同理心？要與人同甘苦，要能瞭解到人間疾苦，我們要去和他的心靈接近、貼近，才能瞭解到他的苦，而且要對這一群苦難的人，將心比心，「人傷我痛、人苦我悲」，傷在他的身體上，痛在我的心坎裡，他的傷、他的苦，我們和他一起感受，這就是「無緣大慈、同體大悲」。

總而言之，我們時時應衆生的根機，爲他們說法，應衆生的苦難，我們出現在他們的所在，這樣叫做現身，佛陀如來也是應身三界，拔濟衆生出離這個火宅，以趣無上正等正覺，這叫做「一大事因緣」！相信我們人人學佛，都有這一大事因緣的使命。

釋放心中的氣爆

關懷高雄氣爆受災戶的臺中南屯區志工呂清音分享：當時大家進入重災區凱旋三路探訪，其中有兩位店家，一位是陳先生，他的店面是承租的，剛見到面，一直抱怨房東，對房租一毛錢都不肯減少，心裡很氣憤。想到房東還曾經跟他說：「你會大發了！」心裡更加氣憤難平。

清音將我的慰問信函拿給他，表達他們是代表我、精舍師父和全球慈濟人送來祝福和關心，他拿著信函的時候，手是一直在發抖的。當他心裡慢慢恢復平靜，敘述當天聽到爆炸聲，從二樓窗戶往下看，第一個反應是：「不得了，怎麼馬路不見了！」接著又看到路旁邊有車子翻倒下去，很多人掉在坑洞裡面。

陳先生告訴志工：「師姊，爆炸聲不可怕，妳知不知道，哀號聲才可怕！」

志工們聽到，心裡覺得很震撼，就問：「陳先生，那些哀號聲，你怎麼能聽得那麼清楚？」他說：「師姊，從街的這一邊到那一邊，很多很多的救命哀號，不想聽，都會聽到！」

志工問他第一個反應是什麼，他說是衝到樓下去，要將車子裡的梯子丟下去，讓他們爬上來。可是當他到樓下正要出去時，就發生連環爆炸，他驚嚇在那裡。霎時間也看到人性的求生意志，有兩個從車子上掉下去的人，竟可以從二、三米的深度爬上來，還可以趕快去救旁邊從摩托車上掉下去的人，看到這個人爬到一半，便合力將他拉上來。

清音問他：「現在生活怎麼辦呢？」他說已經在其他地方另外租了一個店面，現在要付兩邊的租金。清音又問他現在生活還過得去嗎？他說再苦都可以撐下去。後來探訪的幾戶，也都表示他們可以撐過去，希望把救助，給予更需要的人，這些都是高雄人善良的心。

另一位鄉親李先生，看到慈濟人來，非常歡迎，請志工們進去他家裡面。

他做生意，是自己的店面。他說那天聽到爆炸，太太嚇到腳軟走不動，兩人相互扶持才從後門逃出去。他說太太到現在爲止，還沒有辦法釋懷。當志工和李先生在聊天關懷時，他太太騎機車回來了，志工向她打招呼，但她逕自走向後面牆壁，志工要去牽她的手過來時，才發覺她淚流滿面，無法停止。

志工去請她坐下來，她說：「師姊，我一口氣在心裡頭，從氣爆當天到現在。不知道要怎樣爆炸出來！」她形容不知道要怎樣發洩出來，不知道爲什麼看到穿藍天白雲衣服的慈濟人時，眼淚就奪眶而出。

她說當天晚上逃到中正高中，看到很多慈濟人穿梭其間，分送便當、茶水。志工問：「妳有沒有睡到福慧床？」她說知道有福慧床，第一天沒有睡到，但她向大家表達，很感恩所有慈濟人爲高雄做了那麼多……她心中的一口氣，終於得到傾訴。

她心裡隱形的傷痛，眞不知道什麼時候才能平復？需要我們後續的關懷和陪伴，眞正可以把受苦的他們，當作菩薩招生進來。因爲那天跟他們表明慈濟

靜思精舍

有臺中、臺北，從各地來的志工，她說：「你們（慈濟人）人那麼少嗎？你們沒人了嗎？」清音說：「不是我們沒有人，是我們真的需要很多人，很多菩薩一起。後勤有很多很多的工作，在幕後都需要有很多的協助，還有很多人需要我們去幫助。」希望藉這個機會，大家總動員，人間菩薩大招生。

感恩清音和在高雄氣爆受災區的志工，瞭解到在最重災區的人心，到現在，他們心中還有那一股無法宣洩出來的心靈害怕，或者是還沒有辦法說出來的驚嚇，都還在！當然還有許多人都有一份苦，很難消解掉。慈濟人的陪伴和膚慰，讓他們吐一口氣，對他們來說是最舒服的恢復過程。

但願將來高雄的志工菩薩們，能繼續陪伴下去，跟他們牽起這樣的好緣，讓他們快快恢復原來的生機，這是慈濟對他們的祝福。

我常常警惕大家人生無常，不論世間無常或國土危脆，都應該要藉事相來探究道理。四大苦空，是比較微細的道理，四大就是地、水、風、火要調和，一大不調，很多毛病、災難就會發生。

在四大調和下，我們會感覺平安。人生瞬間都不停歇，世間沒有靜止的時刻，而地球和日月不斷在轉動，在這麼迅速運轉的速度中，能夠感覺沒有事情、平安，就是「福」。

所以常常說要「自我祝福」，若每天在內心啓發善與愛，自然與人互動就懂得關懷，人和人互相關懷、彼此相愛互助，就是造福，也是善的循環。造福的動作叫做「福業」，業就是一股氣，福氣就是佛教所說的福業。世間不斷在破壞，若不趕緊用福共聚力量，會壞得更快。世間若失掉平衡就會亂，同樣地，惡若較多，世間的動亂就會愈多；善念愈多，穩定的力量就會愈大。要世間全部都是善念，實在不容易，但要有多一些人的心中有愛！

小債不能欠，何況大債

大林慈院中醫部主任葉家舟分享：有一次他回臺北，看到一間宮廟香火鼎盛，還有地方人士放了一百六十八公尺長的陣炮，其實這些都是資源浪費。

葉主任爲了勸母親不要再去燒香拜拜，就帶父母親到故宮博物院參觀文物。父母年紀大，走一會兒便要休息，於是他們就在外面吃東西，葉主任繼續帶孩子們參觀。

沒想到，回家之後，葉主任的父母突然發現忘了付一百元的餐費。他家距離故宮要轉三班車，一個多小時才能到，但他母親說：「做人要誠正信實，我們一過年就欠人家錢，這樣很不好。」葉主任一看，已經是下午三點多了，當下決定，「沒關係！我們還錢去。」

他帶著母親轉了三班車，坐了一個多小時，抵達時，老闆已經準備打烊了。葉主任把一百元交給他，老闆很感動：「你們花的車費都不只一百元了。」葉主任趁機告訴他慈濟所教的，做人要誠正信實的理念。老闆說：「以前人家都說你們慈濟人多好，我都不相信，現在我相信你們慈濟人真的很好。」

葉主任心想，機會來了，他看到店裡四周散置著塑膠碗盤，沒有分類，於是說：「其實我們慈濟不是只有慈善，我們還有做環保。」

老闆說：「有啊！有啊！我們也有做分類。」但葉主任跟他說：「你們這樣分類不夠，你還有沒有垃圾筒、垃圾袋呢？」主任幫他們把垃圾袋裝好，寫上分類項目，告訴他們請客人吃完後幫忙把垃圾分類好，水龍頭則改成噴霧式的，這樣既省錢又環保，而且讓到故宮參訪的外賓到了他的店，會覺得臺灣真是個環保的地方。

老闆沒想到連做環保都能幫他賺錢，感謝地說：「我一定要捐錢給慈濟。」葉主任分享說，這不只賺錢還賺心意，「慈濟不是要募錢，是要募心，只要有心就不難。」

這眞是好典範！哪怕只是一百元，都可以轉三班車，陪著媽媽去還錢。我們一生中一定都不要欠債，小債都不能欠了，何況無形中的大債呢！所以不只是還錢心安，還可以教他啓發愛心，功德無量。尤其連環保也教起來了，眞不簡單，這都是身教、典範。

《藥師經》上說：「若諸有情，慳貪嫉妒，自讚毀他，當墮三惡趣中，無量千歲受諸劇苦。」慳貪嫉妒都是心靈問題，慳是不捨，貪是擁爲己有。凡夫俗子很容易起心動念，所以學佛要很謹愼，要時時反省自己，平時是不是有慳貪的習氣？學佛要慢慢淡掉這種壞習氣，直到心裡沒有這些念頭。

三惡趣是地獄、餓鬼、畜生。很多人會說：「地獄、餓鬼，眞的有嗎？地獄我看不到，餓鬼我也感受不到，畜生倒是知道。」日常生活中，我們常常接觸到畜生道，但是，餓鬼有嗎？地獄有嗎？其實，人間就有地獄、餓鬼。新聞中常常看到，這世界很多苦難——貧窮、乾旱、疾病、傳染。尤其看到阿富

汗和巴基斯坦，人禍造成飢餓、瘟疫、病痛、乾旱等災難，這裡的人真的很苦，過的是非人的境界，這究竟是地獄，還是餓鬼道？

趁今生得聞佛法時，要知道若有「慳貪嫉妒，自讚毀他」的心態，就很容易墮入惡趣，而且時間很長很久，是「無量千歲」。對人間而言，地獄的歲月是無量千歲，簡直苦不堪言，人間時日與地獄時日完全不同，一墮地獄，一天就是人間的幾千年。

面對生死無常

人生在世，最關心的，莫過於生死。

人們在活得好好的時候，幾乎沒有想過自己隨時會離開這個世界，因此當死亡來臨時，誰都割捨不下這個世間，不忍離去。親人朋友們也無法接受身邊的人突然離世的消息，因爲他們完全沒有準備，所以在死亡突然到來之時顯得那麼地脆弱、那麼地無助。但是，生老病死是生命的法則，誰也無法擺脫。當人面對疾病、意外而死亡的時候，又應該懷著怎樣的心態面對呢？

大林慈濟醫院常住志工黃明月分享：在醫院裡面，每天幾乎都有不同的生命在示現，生、住、異、滅，一念心，一個因緣際會，就會產生不同結果。二〇一三年的大年初一，發生了一件令人難過的車禍。有一家人從臺北回北港阿嬤家過年，過完年初一又跟著叔叔及爸爸兩家人去阿里山的廟裡拜拜。

開車的是三十幾歲的年輕人，車上坐了十個人：有他的爸爸、媽媽、阿嬤，還有他的太太帶兩個孩子，以及他兩個弟弟、妹妹跟堂弟；而前方是叔叔開的另一部車。途中叔叔發現對向有一部車，開車不穩並且蛇行，似乎往他們的方向要撞過來，叔叔立刻機警地閃開，避開了危險，但這臺蛇行車卻不偏不倚迎面撞上了後方年輕人所開的車。強大的撞擊力，讓他一歲的小女兒飛了出去，開車的年輕人腳斷了，頸椎也受傷，肋骨斷了後還插到肺部，肝臟也因此出血，所幸人是清醒的。在經過急診之後，立即送到加護病房，而其他車上的親人都受到不同程度的傷，全部都住了院。在住院的過程中，志工一直陪伴著他們。

年輕人事後回憶起車禍的過程說，當他從昏厥醒來時，看到阿嬤整個血肉模糊的臉，驚嚇得再度昏倒，醒來時已經在救護車上。這場嚴重車禍，導致了年輕人的太太右臉頰受到嚴重的撞擊，眼球突出，左眼失明，手上抱著的三歲多大女兒兩腿都斷了，而飛出車外的小女兒與坐在前座的爸爸都往生了，但當時醫院方面與志工都不敢讓他知道這個消息，只告訴他都在治療中。而與他們對撞的另一位年輕人，後來也往生了。因為這場車禍，造成兩家人的遺憾，更讓家人面臨了生死難關。大年初一，可以想像這兩家人是怎麼難以度過的。

在大年初一發生這種事，讓人無限的心疼，感受到生死無常，感嘆原本四代同堂而且幸福的一家人，就這麼一個撞擊，剎那間像地球受到隕石撞擊般，全毀了！同樣的，是什麼樣的因緣讓他們在這時間碰在一起，讓車上的十一個人，有不同的命運跟結果？因意外而經歷過一番磨難而留下來的家人，不知要經歷多少痛苦，要如何來調理自己內心的苦呢？身外的，可以有很多的人來幫助；內心的，不知道要如何來調理？

同樣發生在大年初一、初二的一個令人心疼的故事：

一位年輕人，有自殘的傾向，手臂上裡都是刀痕，很明顯是平常拿刀子割的，但有一次則是因為服用安眠藥被送進來慈濟醫院。他的媽媽在陪伴的過程中，竟然昏倒在急診室。因此兒子與媽媽，一個左邊、一個右邊，都躺在病床上，志

工在一旁關心照顧著。

年輕人說了一段二十年前發生，而他心中始終過不去的往事。五歲的時候，爸爸帶著他還有一個四歲的弟弟幫忙發帖子，邀請親戚參加阿伯的婚禮。爸爸發送到一個親戚家時，坐下來聊天，小男孩與弟弟玩氣球，玩著玩著，氣球就飛了出去，五歲的哥哥說：「弟弟，快點追！」弟弟隨即飛快地去追那個氣球，哥哥也跟在後面想去抓氣球。但是當五歲的哥哥一走到門口，卻親眼目睹了讓他一生難過、自責且震撼的事，弟弟被經過的砂石車撞得頭部重創，全身血肉模糊。

二十年了，他沒有放過自己，他說：「我是害死弟弟的兇手。」年輕人的爸爸更是心疼、難過，用酗酒來消除他的心愁，自責沒能保護好這兩兄弟，從此醉了十年，直到肝癌往生。在近十年間，這位媽媽在長期壓力下，見到先生如此酗酒不振作，一方面要奔波忙碌著家裡的經濟來源，又要面對兒子的往生，身心俱疲，得了憂鬱症，因此來到醫院治療。

這位年輕人成長過程中，一直出奇安靜，似乎沒發生過任何狀況。直到去服兵役，在軍中與人群接觸下，慢慢顯現出一些狀況，媽媽才帶著他到慈濟醫院求診。「我的兒子，眞的有身心的問題。」事後媽媽很自責，認爲自己一直忙於工作，沒有發現大兒子身心產生了不平衡的狀況。最近可能因爲工作及交友的問題，使得年輕人更加無助，因而在大年初一想不開而服了安眠藥自殺，讓媽媽非常地難過。志工們在旁陪伴，也很心疼，一心想要給他們支持與鼓勵。這時年輕人終於說出多年隱藏於內心的一段話：「我眞的找不到生命的價值，也找不到生命的方向應該要怎麼走……」

在這樣的一個情境中，如何能讓心隨時回到原點？有很多的現象，其實也只是在轉念間，念頭若是不轉，慢慢地就演變成一個大無奈，一直蔓延、一直擴大，因而導致整個家毀了。

二十年了，這一家人因爲一場車禍，從一個自責開始，釀成全家的悲劇。所以，我們眞的要好好地守住這一念心！感恩衆生，隨時在我們身旁，以身示教，讓我們知道要好好愛惜我們所擁有的。同時透過志工菩薩們的陪伴，讓他們慢慢地去接受，也要慢慢地解脫，從心裡的陰影解脫出來。

宇宙的眞理是「三理四相」——物理有成、住、壞、空四相；生理有生、老、病、死四相，心理有生、住、異、滅四相。大地所有物質，哪一樣不是成住壞空呢？就像花蓮太魯閣的長春祠，是臺灣有名的觀光勝地，有一天忽然山崩，剎那間壓了幾個人，還有幾個受傷，也有失蹤者；這樣的變動就是「無常」，也是「成、住、壞、空」四相的道理。

世間哪一個人可以永生不死？人的生命，來來去去，長長短短，若能透徹「生、老、病、死」生理四相，對生與死就不會感到惶恐，也不會感到煩惱。

世間有哪一個人不會生病？就連醫生也會生病，病倒了也無可奈何。臺大醫院有一位腦神經科醫生，在爲病人動手術時，突然腦溢血，專門研究腦部的專家，自己突然病發，也是無可奈何。

還有一位耳鼻喉科權威醫生，自己卻得到鼻咽癌，他平常會安慰病人，一旦患了同樣的病，自己也無法接受，精神非常萎靡。有臺大的教授建議：「是否請師父鼓勵、鼓勵他？」他研究病理，卻對自己的心理不透徹，所以一點準備也沒有。

宗教者，不但能瞭解生理，還能瞭解心理，因爲心理同樣也有四相─生、住、異、滅。世間所有物質、生命，不可能永遠常住不滅，若能做長期的心理準備，發生任何事情，都會覺很平常。我們應該要勇敢接受，面對這些總有一天會來臨的事實，煩惱會來臨，快樂同樣也會過去，何不好好接受人間的眞理？

佛教追求的是宇宙間的眞理，「皈依佛」就要有決心體解大道；深入教法，親身去體會、瞭解，究竟眞理何在？若有事才臨時抱佛腳，是沒有用的；體解大道後，還要發無上心，打開心胸容納一切衆生。

佛教還有「四弘誓願」──衆生無邊誓願度，煩惱無盡誓願斷，法門無量誓願學，佛道無上誓願成。學佛要發這四大願，普天之下有無量無數衆生，學佛就是希望學成後，再來度一切衆生。就像當學生時要有心願，將來若當了老師，

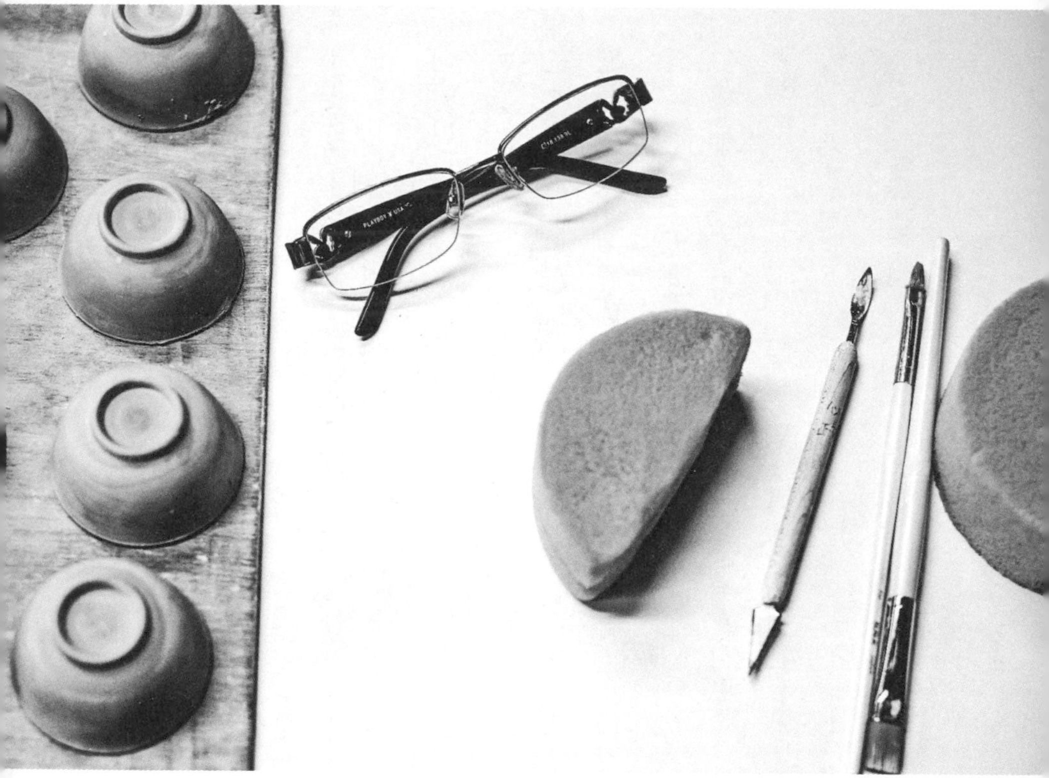

也要把自己過去所學的，再來教育學生。一位學生若能發大心、立志願，將來就能教出無數的學生。學佛也一樣，只要用心追求佛法無上的眞理，眞正身體力行，不要逃避人生的坎坷，有所體會，就能回頭教育更多人。

人生無常，才是常；想要「永斷生死，常住快樂」，就要行菩薩道，在人間證菩提。

病房中的天堂與地獄

臺中區志工李素貞分享：她曾同時遇到內科加護病房的兩床病人，兩人的狀況剛好對比，有如置身天堂與地獄。

如在天堂的是一位阿公，九十七歲的他相貌堂堂，在加護病房中，只有他神智清楚、眼睛明亮。照顧他的是七十幾歲的阿嬤，她非常得意地告訴醫生：「阿公吃素喔！每天都吃很多水果和青菜。」

阿公氣色好、皮膚紅潤，血管年齡只有六十幾歲，雖然缺牙齒，零食卻是選擇健康的堅果類，每天看起來心情都好，很開心。

阿公旁邊的另一床病人，是位三十三歲的年輕人，有兩個老婆，因為長期酗酒肝臟嚴重損壞，又插管又吐血，顯現的真像是地獄相。

年輕人狀況很糟，家屬開了兩次家庭會議，決定讓他走，但他的業未了，就是走不了。拖了一陣子，仍沒有甦醒的跡象，在家屬同意之下，醫師不得不幫他拔管。沒想到，拔管以後，出現更可怕的地獄相，他的舌頭重覆地吐出又吸進去，肚子大大的，眼睛往上吊，實在很恐怖。

這九十多歲和三十多歲的兩個病人比較，九十多歲的阿公都吃素食、青果、蔬菜，所以耳聰目明。三十多歲的年輕人，酗酒、愛吃肉，所以現在求生不得、求死不能，眞是苦不堪言！

殺生的業非常重，古德說：「欲知世間刀兵劫，但聽屠門夜半聲。」天下的戰爭不斷，皆因衆生的好殺而起。欲知何時才能沒有戰亂？必須等到哪一天屠宰場完全聽不到牲畜被宰殺時的哀號聲爲止。

佛教談慈悲，有的人說：「佛教徒只要修行就好，何必素食呢？」事實上，吃素就是爲了培養慈悲心，不忍食一切衆生肉。殺業不可爲，因爲食一切衆生肉，就像是吃過去生的父母、眷屬或者兄弟姊妹的肉一樣，這是佛教徒持齋吃素的理由；衆生輪迴於六道，有時生而爲人，有時則生於畜生道，爲了避免和他們結怨仇，我們盡可能不要去殺生。

佛言：「蠢動含靈皆有佛性。」凡是有生命的東西，即使小如螻蟻，也是貪生怕死。六道輪迴，除了人之外，還有旁生道（畜生道），以及萬種類型、難以細數的生靈。

既然旁生道存在於六道之中，也許是我們過去生的父母或者今生的恩愛眷屬往生後，已輪迴至旁生道也說不定；因此，殺生很可能會傷害到我們至親至愛的人。

曾經有位女居士開始要吃長素，我問她爲什麼？她說她來聽經之後，回家做了一個夢，夢見自己要殺雞，刀子即將割下去時，出現的卻是他侄女的脖子。六道輪迴眞的很可怕，有時候殺雞都會殺到自己的親人。從那個時候開始，她就吃素了；這是因爲她有智慧與善根，而聽經的因緣啓發了她的善念。

有的人智慧不開、缺少善根，不但對做夢的情景不相信，即使是親身經歷也不爲所動。他認爲生而爲人，就可以吃盡天下萬物，這是顚倒迷茫的衆生。

一生，過兩種人生

花蓮慈濟醫院常住志工顏惠美分享：有一位先生車禍受傷，頸部以下動彈不得，躺在床上長達二十八年。他從滿腹怨言到心開意解，積極懺悔，勤耕福田，最後輕安自在地走完一生。他的人生故事，是值得借鏡的生命歷程。

這位先生幼時家貧，國小畢業就外出討生活，學當廚師辦桌，有時一天要殺兩百隻雞。當兵回來後，想賺更多錢，就去當遠洋漁船船員。他回憶自己年輕時說：「遠洋漁船很厲害，用流刺網，大小魚一網打盡，每次收穫都很豐盛，錢很好賺。」

有一次，跑船回家，覺得太太不對勁，才知道原來太太有外遇。雖然心裡很不舒服，但因爲自己工作不常在家，就成全了她，還讓她帶走兩個女兒。

後來不跑船了，回頭想去當廚師卻沒當成，他愈想愈鬱卒，有天晚上騎車出去，沒注意到馬路上有一個坑洞，一下子摔跌進去，隔天才被人發現。送醫後雖救回一條命，但頸部以下動彈不得，眞的是生不如死。

他後來回到家鄉花蓮獨自生活，朋友送他一臺電動輪椅代步。有一天，他一時想不開，坐電動輪椅衝進鯉魚潭，想了結生命，結果命不該絕，撞到大石頭，輪椅翻轉過去。他又被人救起，送到花蓮慈濟醫院。

在志工的陪伴下，他經常收看大愛臺，慢慢地，就比較看開了。志工去他家時，他說：「我要感謝我太太，幫我養兩個孩子，也要感謝對方，不然我沒有辦法養他們啊！」志工說：「對，你如果心開了，就很好過日子了。」他說：「我現在都很好過日子，都躺著看大愛臺。」

他很巧手，自己弄了一個可以調整的裝置，不會躺到壓出褥瘡。他說：「我自己也要懂得求生存。」後來積蓄用得差不多了，一些敷料不夠，他請求協助，經過評估後，慈濟每月都有撥款補助。他曾到慈院三次，三次都發出病危的

Premium Non-GMO
Corn Grits
Origin: Ukraine Net Weight: 22.68 Kg
Corn Grits
Origin: Ukraine Net Weight: 22.68 Kg Shelf Life: 2 Years

紅單，已經敗血性休克，但最後還是活了過來。

他有請領政府的低收入戶補助，但身體慢慢好了之後，卻主動停止領取補助款。他有存慈濟的竹筒，還將竹筒捐出來做善事，志工問他：「你怎麼會有錢？」他說：「我買東西，有找零錢就丟竹筒，朋友來幫我打掃，也會要朋友投竹筒。」朋友開玩笑抱怨：「我來幫你打掃，還要投竹筒！」他說：「我幫你種福田，慈濟的大功德田在這裡。」並趁機跟朋友說慈濟做了哪些事。

他說，自己在人間留了下來，只剩下嘴可以說話，所以他要說好話。他這樣一直累積，捐款收據貼滿牆壁，真的是一面功德牆！

現在，很多人身在福中不知福，志工常常帶領慈青、教師隊、甚至海外的志工去訪視，現在參與的很多是大陸的醫護同仁，他們去居家關懷。看到這位先生，大家都說，怎麼這麼棒，自己病成這樣，還滿面春風，沒有褥瘡，也沒有味道，牆上還貼滿捐款收據。來參訪的人好奇地問志工：「你們是如何辦到的？」志工說：「就是陪伴、關懷，每個人都是善良的。」

他們覺得這位先生實在很棒，自己雖身受病苦，卻會把慈濟所教的，說給大家聽。」他說：「我整天躺在這裡，就看大愛臺，所以什麼都知道。他們說要吃八分飽，我只吃七分飽，我躺在這裡，吃太多也沒用。」

他也對前去探視的慈青說：「你們要勤儉，勤儉就是不管什麼事情，都要勤於學習，勤於侍奉父母。節儉是媽媽生給你的這一生，這就是名牌，你不用再去買什麼名牌，那樣是沒自信。」他不厭其煩地教導，慈青們都覺得很有收穫。

志工們比《水懺》手語給他看，他說：「唉，你們所比的、不該殺的，我都有犯過，很懺悔，我現在連一隻螞蟻都踩不死。」因爲他腳萎縮了，他說如今很懺悔。

福建廈門的衛生局副局長來參訪慈濟，很想瞭解居家關懷，志工就事先去這位先生家看看。敲門後，他的朋友來開門，然後就去看電視了。志工沒見到他，覺得奇怪，問朋友，他人呢？明天有醫生要來看他呢！朋友說：「他說要睡覺啊！所以讓他睡。」志工進房間，摸摸他身體，冷冷的，心臟沒跳動，問睡多久了？朋友說：「他吃飽後，說累了要去睡，差不多一個小時了。」

志工趕快打電話給警察，找來鄰居和里長來叫他還是叫不醒，就問他朋友是怎麼照顧的！朋友說：「我也不知道，他早上洗好澡，跟我們說，他睡著了以後，就把他送到殯儀館。我也不知道，他說要睡覺，就不吵他。」後來警察來了，一把脈，眞的沒有脈搏，人已經往生了。

他這麼好走，吃完一頓飯後，跟人家說要睡覺，就這樣睡著了，這麼輕安地走了。

這個人一輩子很辛苦，不過他示現這種相在度人，實在很不可思議。他曾經什麼不善的事都做了，殺業很多，但是到了最後，連一隻螞蟻也沒辦法踩，眞的是很苦。

不過，他見人就說法，轉法輪，不知道救了多少人，所以他最後這樣安詳而去，這是他的福，一念轉變，就有福。

黑色珍珠黑菩薩

非洲，過去被稱爲黑暗大陸、黑色大地，想在那裡聽聞佛法，是很困難的，但慈濟不可思議地做到了。南非志工們化困難爲力量，在非洲南部耕耘出一大片福田，讓佛法得以遠渡重洋，廣布到過去未曾得聞佛法的非洲大陸。現在，更已有五千多位（二〇一二年資料）南非原住民祖魯族人，出任慈濟志工，他們從光著腳全身髒兮兮地來向慈濟領救濟品，到穿上藍天白雲裙跟著慈濟志工穿梭在各個部落服務族人，親手布施。以前是臺灣慈濟人和美國慈濟人會合到南非去賑濟，是黃種人去救黑種人；但現在清一色是黑人救度黑人，那樣的場景眞美！

慈濟第一位非洲裔志工，是來自南非德本地區的葛蕾蒂絲（Gladys），《慈濟月刊》四八一期，葉子豪曾完整報導她的故事：

葛蕾蒂絲出生在南非夸祖魯．納塔爾省一個基督教家庭，父親任職教堂，家境並不寬裕，幸好有一塊地可以耕種，多少貼補一些家計。還是小女孩的葛蕾蒂絲每天凌晨三點起床，先到菜園做農事；在河裡把手腳洗乾淨後回家，爲媽媽泡杯茶，之後背起書包，走十公里的路去上課。

一九九四年，南非政權轉移，人心極爲浮動，葛蕾蒂絲位在夸瑪庫塔（KwaMakhutha）的家也付之一炬，而造成這場悲劇的劊子手竟是葛蕾蒂絲先生的外遇對象。她唆使一群年輕人丟擲汽油彈，企圖殺害葛蕾蒂絲和她的兒女，所幸大火只燒毀她的屋子，葛蕾蒂絲和子女們雖倖免於難，卻淪爲一無所有。

流離失所的葛蕾蒂絲，只好帶著孩子們去投靠住在安班布魯（Umbumbulu）區的老媽媽。那是南非的冬天，葛蕾蒂絲身上僅剩一件單薄的衣服，面對未來，她滿懷惶恐和怨恨。

同年底，臺灣慈濟人送來了十五個貨櫃的衣物，在各個部落進行發放，德本地區有八千戶貧窮家庭得到了即時的幫助，葛蕾蒂絲也在其中。

「因為愛，慈濟人找到了我。」當時，葛蕾蒂絲內心充滿憎恨，而外在環境更是險惡。在一九九四年種族隔離政策廢除前後幾年，南非黑白對立、黑人與白人政府衝突，局勢非常緊張，社會嚴重動盪，發生搶劫，社區充滿了不安與暴力。「就在一個慈濟的集會上，我認識了慈濟人；在那時期，根本不會有『白人』敢出現在鄉村地區，並且親自發放……」葛蕾蒂絲口中的「白人」，就是慈濟志工潘明水等人。

慈濟全球資訊網報導，隔年四月，二十五位臺灣慈濟人赴南非協助當地慈濟人發放，他們跑遍南非九個省及鄰近的兩個小國家，發放品除了衣服之外，還包括黑人的主食玉米粉和一些營養品，發放人數超過十萬人。

這樣的善行義舉，同時感動了南非的黑人和白人。七月一日在約堡索桑谷維地區的川斯頓教育學院禮堂舉行的社區大會中，南非慈濟人應邀出席，在滿場的「Viva Tzu Chi」（慈濟萬歲）聲中入座。社區委員致辭時，感謝慈濟人愛心關懷，啓發當地人民互助互愛，自立自強。

那一段時間，黑人、白人都說要舉辦感恩祈禱會。我接到這個訊息，知道要有燭光，就說由精舍來供應。那個時候精舍的蠟燭還是用養樂多罐子製作，大家趕快加工、趕快準備好送到南非，讓他們舉行燭光祈禱感恩會。那一場感恩會辦得非常成功，黑人、白人一起誠懇地祈禱。有一位議員上臺講話，感恩慈濟，他說，慈濟讓南非從白人的政府一直到黑人政府，一轉變過來，這樣快速就見到黑白和平。

祈福會中，慈濟人捐贈縫紉機、電熨斗及輪椅、布匹、椅子等，希望能訓練黑人一些技術，好維持生活用度。在場的白人亦紛紛響應，黑、白衝突在互助中而消弭無形。

有白人舉手說：「我會做水電，我願意教導他們水電的功夫。」也有人說會理髮，願意教導他們理髮，修理家電等等……白人開始發心要傳授「功夫」，慈濟人也靈機一動，那一批臺商大部分都是開成衣廠，他們也說願意爲這些人設庇護工廠。

那一場祈福晚會中，看到不同族群和睦相處，而且白人也願意傳授謀生技術。最後，在黑人青年獻唱〈You Light Up My Life〉（你照亮了我的生命）歌聲中，九百餘位民眾人人手持靜思精舍結緣的蠟燭，現場一片燈海，充滿和平、溫暖的氣氛。

也就是因爲這樣的開始，慈濟人投入黑人的社會。有幾位被我們救助過的，也聽她們說很多南非女人眞苦，許許多多是被家暴，許許多多都是單親媽媽，許多人過著地獄般生活，她們看到慈濟人這樣疼惜她，一點都沒有輕視他們，慢慢讓他們的生活自立起來，把他們的心開啓了。這個愛，慢慢輸入他們心坎裡。

包括葛蕾蒂絲等祖魯族社區居民，也因爲受感動而從臺商的庇護工廠走出來，從受幫助的人轉變成慈濟志工。

這一群志工之中有受教育的、有當牧師等身分，他們接受到慈濟的法，感到很開心，感覺到生命的價值就是來人間付出。而且因爲自己受了許多苦難，受到白人欺壓、受到男人家暴，他們感覺到有佛教眞好，能尊重人權，尊重女權，尊重人人都是平等的。

因爲接收這樣的慈濟法，本地志工就開始用英文來聽慈濟人說話，再爲他們的祖魯族人翻譯成地方母語，讓祖魯族人愈來愈瞭解慈濟的精神。特別是身爲臺商的慈濟志工潘明水，總是對這一群志工循循善誘，引導他們消弭仇恨、付出愛心。

《慈濟月刊》第四三五期：葛蕾蒂絲說：「第一次遇到Michael（潘明水的英文名），那時我的心仍被憎恨填滿，但Michael教我要忘記仇恨和不好的過去。」她說，慈濟人在她最無助的時候伸出援手，就好像是上帝派來拯救她的「藍衣天使」。

「只要妳願意，妳也可以成爲和我們一樣救人的天使。」潘明水說。葛蕾蒂絲是個古道熱腸的婦女，又懂英文，於是潘明水邀請她協助慈濟進行後續的發放工作；葛蕾蒂絲從一九九六年加入慈濟，愈做愈投入。

當潘明水計畫開設裁縫職訓班，好幫助當地婦女自力更生時，有翻譯能力的葛蕾蒂絲和另一位祖魯族老太太安娜（Anna），遂成爲他下鄉開說明會的最佳幫手。潘明水幾乎天天載著她們到各個村子說慈濟、分享臺灣經驗，一個村莊接著一個村莊去設立職訓班。

潘明水說：「剛開始的說明會，葛蕾蒂絲和安娜是逐句翻譯；經過一段時間的相處，她們跟我逐漸形成一種默契，往往我話還沒講完，她們就已經瞭解我的意思而直接進行翻譯。最近這幾年，甚至連我不在場，她們也能以祖魯語將慈濟志工的精神詮釋得相當完整。」

在南非無法像臺灣一樣，到處都有慈濟道場，他們向基督教堂借用場地宣講慈濟。牧師的寬闊心胸也讓我很震撼，教堂裡還掛起布條，寫著「臺灣佛教慈濟基金會」斗大的字樣，每一場研習講座皆是如此。連天主教神父也呼籲信徒向慈濟看齊，毫不避諱地介紹這是來自臺灣的佛教團體，進入社區爲許多苦難人付出。

葛蕾蒂絲鼓勵部落婦女加入職訓班，常被酋長誤會她從中獲得好處。葛蕾蒂絲很氣憤地想要反駁，但潘明水卻勸她不要太激動，只要堅定信念，好好付出，

時間能夠證明一切。後來，社區領袖從她們這群志工對村民無私的奉獻中，感受到濃濃的愛，後來酋長們都非常支持她們在社區做濟貧的工作，有些酋長甚至也投入志工行列。

葛蕾蒂絲的家人很喜歡她當慈濟志工，因為有縫紉班的設立，幫助她們得到很多學校和教堂的訂單，進一步改善了她們貧困的生活。「我們有些族人是很懶的，Michael鼓勵我們要勤奮工作、要付出愛，漸漸地我們也學習到努力工作的精神。」

「假如現在有人問我：『是誰燒了你的房子？』我會告訴他：『我忘了！』如果在以前，我恐怕會找人殺了這些暴徒。」葛蕾蒂絲跟著潘明水深入部落傳播大愛，並以實際的行動教導族人互助互愛，她說：「我要以對人付出關懷和愛，取代心中的仇恨報復。」當年，葛蕾蒂絲與先生不得已走上離婚一途，她最終放下報復的念頭，原諒那位第三者。

潘明水與志工載著滿車的物資到部落發放，有時不免引起歹徒的覬覦。有一次，車子爬坡途中，被路旁銳利的石塊刮到而爆胎，就在潘明水尋求協助的同時，有群年輕人開始比手畫腳、耳語不斷。葛蕾蒂絲看穿了他們的邪念，衝上前告訴他們：「不行！你們不能動這個人，因爲他是我們部落的神。」因爲葛蕾蒂絲的一席話，這群年輕人打消了搶劫的念頭。

葛蕾蒂絲也熱心爲社區奔走，蓋了一個小型活動中心，平常作爲托兒所，假日就作爲民衆的聚會場所。然而在地方選舉時，活動中心卻成了政黨間相互角力的地方。有天晚上，兩派人馬聚在中心叫囂，眼看衝突就要發生，葛蕾蒂絲竟不顧自己生命安危，衝到混亂的人群中大聲喊：「請安靜！我是慈濟的志工……」

當時，所有在場的祖魯男士全愣住了，因爲這種場合，祖魯婦女是避之唯恐不及的，然而葛蕾蒂絲不但站了出來，還對大家大聲疾呼，可謂勇氣十足！

接著，葛蕾蒂絲開始述說自己接觸慈濟的過程，以及受大愛感動的親身體驗，她衷心呼籲大家平心靜氣坐下來談。葛蕾蒂絲的苦口婆心，聽在這群粗獷的祖魯男士耳裡，眞的起了作用，他們竟然化干戈爲玉帛，握手言和，共商造福鄉里的方法。

從二〇〇二年初起，包括葛蕾蒂絲等非洲裔慈濟志工，開始從職訓班走入社區，其中最主要的工作之一就是照顧愛滋病患，並進行愛滋防治宣導。後來，在社區志工人數充沛的情形下，葛蕾蒂絲計畫投入適當的人力，前往醫院擔任志工服務病患。

這群「黑菩薩」很發心，看他們在照顧愛滋病患，其他國家的慈濟人實在趕不上。尤其是南非洲，不只有南非，還有中部小國賴索托的慈濟委員陳美娟，遠在一千公里外的辛巴威有慈濟委員朱金財，以及發願當莫三比克第一顆種子的蔡岱霖。南非慈濟志工於二〇一二年成立一個跨國推動志業的小組，跨國去莫三比克、史瓦濟蘭、賴索托、辛巴威等國家，協助當地慈濟志工克服困難，推動慈濟。在這些國家的慈濟聯絡點尚未成立時，人力稀少，也要依靠南非慈濟人的支援，以及來到南非參與培訓課程，所以必須在南非將志業扎根穩固。

我常常提起南非志工的發心立願。他們的生活很困難，第一他們很窮，第二他們沒有交通工具，第三他們的體態很「發福」，因爲他們長年吃玉米粉，中年以後就會發福，行動實在不方便，可是愛滋病患都是住在山頂上，他們要去關懷愛滋病患，就要爬坡，眞辛苦。但是他們很快樂，大愛臺有播出過，他們一邊走一邊唱歌，搖搖擺擺往前走。他們每一句話都是師父的話，深入淺出，入他們的心坎裡，所以願意爲愛滋病患去付出。

而且到了愛滋病家庭，這群祖魯族志工也不會害怕，因爲他們知道要如何預防保護自己、如何清掃他們的家、如何清潔愛滋病患的身體等等，他們都是用愛心，除了面對貧窮，爲他拔苦了之後，復爲說法，開始會爲他們講佛法的道理。

藉由帶領本地志工關懷愛滋病患，潘明水也進而發現孤兒問題的嚴重，於是在二〇〇四年提出餵養愛滋遺孤計畫，但是他並無資源可提供貧困的南非本土志工放手去進行。

志工們很無奈，問他：「我們那麼窮，怎麼有能力去餵養孤兒？」潘明水誠懇告訴他們：「手跟腳，就是上帝給予你們最好的工具；南非空曠的土地，就是你們的資源。」

「雖然Michael和我不同膚色、不同語言，但我們身體流的血液同樣都是紅色的；正如佛教的『大愛』和基督教的『博愛』都一樣是教我們如何去愛人、去施捨。」葛蕾蒂絲是個虔誠的基督教徒，現在的她，不僅天天講慈濟、做慈濟，甚至有時禱告也念「阿彌陀佛！」

她說，在種族歧視的年代，族人根本沒有機會跟白人平起平坐；但潘明水每次邀請她到他家，他的家人都待她像貴賓一般，讓她感受非常深刻，因此她相信這就是大愛的精神——不分宗教、種族、膚色地去愛人。

在認識慈濟十一年又八個月後，葛蕾蒂絲成為南非第一位祖魯族慈濟委員，法號「慈蒂」，她發願扮演我的手和腳，把愛傳出去。

葛蕾蒂絲在二〇〇六年十一月來到臺灣，和其他四百多位海外志工獲頒授慈濟委員證，葛蕾蒂絲發表感言：「慈濟的愛是沒有分別的。受證之後，我要承擔更多的責任，去愛更多人。」

葛蕾蒂絲的慈濟之路，整整「培訓」了十一年八個月，帶領她的「母雞」潘明水說，前幾年他回臺灣，葛蕾蒂絲受證與否的問題，總是讓他如坐針氈。我問他為什麼要培訓這麼久？他的回答是：「因為我比較不會帶人，所以要帶比較久。」

其實，基於南非特殊的國情與環境，潘明水對於祖魯族志工受證為慈濟委員，有著更嚴格的標準與要求。

祖魯族志工一旦進入部落服務，就是獨立作業，不僅要面對暴力及治安不佳的威脅，還要抵抗來自四面八方的利誘；若信仰不夠堅定，很容易起退轉心。

陪同祖魯族人做慈濟，潘明水見證了許多弱勢者如何在困頓中堅持行善之路；然而這些廣結善緣、又經手許多物資的志工群，也往往是當地政治人物眼中最佳的樁腳及候選人。

爲了維護慈濟形象，避免涉入黨同伐異的政治糾葛，潘明水總是一再要求在地志工，堅守慈濟十戒中「不參與政治」的要求。他對葛蕾蒂絲等人有深切期許：「雖然她們都做到了慈濟精神，以高標準來自我要求；但我還是比較『硬斗（固執、強硬之意）』，希望她們更提升，比我還好。」

針對祖魯族人大而化之的時間觀念，潘明水也不惜扮演黑臉，把未依規定時間到達指定接送地點的志工「放鴿子」。

「她們四位（葛蕾蒂絲與一同受證的另外三位）都被我放過鴿子。事後我跟她們說，慈濟做國際賑災要及時，如果我們慢了，有人可能因此往生，或者要遭受很大的傷害，這是我們的責任。」在「麥可弟兄」的嚴格要求下，資深的志工們多能體認到行善不能「等」。

現在，葛蕾蒂絲無論到哪裡都穿著藍天白雲制服，「很多人對我這套衣服覺得好奇，我便告訴他們慈濟爲族人做的事，希望有愈來愈多人加入志工的行列。即使Michael回臺灣，我們的工作仍會持續，因爲我們希望能將慈濟精神像樹的種子散布出去。」葛蕾蒂絲說，她身無分文加入慈濟，如今多年過去，她銀行戶頭的存款依然沒有增加，卻能每天開開心心、無憂無慮，這是用再多錢也買不到的快樂。

身為曾經受到巨大傷害的單親媽媽，葛蕾蒂絲對家庭的破碎猶有遺憾，如今，受她影響，她的三個孩子也陸續加入志工的行列，她深感欣慰。

「長子高曼（Good Man）、長女翡綺麗（Fikile）念到高中畢業，么兒山迪利（Sandile）大學傳播系畢業；還有三個孫輩……」計算著兒孫的年紀，葛蕾蒂絲「阿嬤」露出微笑，彷彿一個個「寶寶」都來到眼前承歡膝下似的：「翡綺麗的女兒十三歲；山迪利兩個兒子分別是六歲、四歲……」

來臺那年年初，高曼往生，她很悲傷，卻也沒有停止做慈濟的腳步，只掛一條黑巾以為追思。她說：「做慈濟比較重要，私人小愛先放一邊。」來臺前一週，翡綺麗遭匪徒搶劫。「由於她身上沒值錢東西也沒現金，歹徒想殺了她。她極力反抗，手腳都被砍傷，幸好手腕上的慈濟螢光念珠在發光，歹徒嚇到了就逃走。」略說女兒的險境，旁人聽得不寒而慄，然而葛蕾蒂絲卻平靜得出奇。

她到了醫院，確定女兒可以自己料理一切、不需要她看顧後，便偕同志工往部落關懷。即使幾天後搭機到萬里之外的臺灣，也未曾因爲女兒的傷勢而面露煩憂，依舊精神奕奕參與各項活動。

「我女兒上廣播電臺分享，說她在冥冥之中得到庇佑。她表示自己雖然不認識搶匪，但選擇原諒他們，也希望藉著廣播能讓搶匪聽到，請他們及時覺悟，改過遷善。」大難不死，猶存善念，葛蕾蒂絲對女兒樂觀、善解的表現感到驕傲。

爲了回饋臺灣對她南非家鄉的付出，同時吸收更多行善助人的方法，葛蕾蒂絲等人在受證活動結束之後，轉往花蓮慈濟醫院擔任志工。

正式服務之前，她們與其他志工接受「職前訓練」。「重度憂鬱症通常有九個症狀：第一是情緒低落，但兒童及青少年的情緒反應可能是易怒……」護理長講解憂鬱症的知識；開放提問時段，南非媽媽們都舉手問起切身的問題。

葛蕾蒂絲擔憂女兒在哥哥往生後的嗜睡問題；另一位志工史畢希則道出女兒

在喪夫之後的傷痛……將孩子的疑難雜症請教醫護人員。四位祖魯族志工流露出眞摯的母愛，也讓在場大多數的華裔、臺籍志工感受到了，千萬里外的非洲祖魯族人，絕對不是面貌模糊的「他者」，而是和自己一樣有感情、有善念的人。

憑著這一分「媽媽惜子、阿嬤疼孫」的愛心，四位志工把在南非服務的熱忱帶到臺灣，無差別地膚慰慈濟醫院的病患。

在大廳，葛蕾蒂絲問候與腦瘤奮戰多時的羅小妹妹。「她從七歲住院到八歲。」身爲慈濟委員的媽媽道出小妹妹發病至今的歷程；期間小妹妹的父親往生，由媽媽陪伴到現在。

聽了潘明水的翻譯，志工們不捨，紛紛彎下腰伸出手表達關懷。「你知道她的名字嗎？她的名字是Happy（快樂）！」潘明水特別介紹黑琵，希望這一群「師姑」能爲她帶來小小的歡樂與驚奇。「妳要快快長大，要很健康，我們再一起去南非幫助可憐的小朋友好不好？」「好！」

在慈濟醫院、在花蓮的長期養護機構，南非志工用歌聲撫慰病人，也爲病人及家屬按摩。

「在南非，很少有病人能進機構安養，都是在家裡由家人照顧；有時候家人也承受不住而離開，病患只能自生自滅。在地慈濟志工知道了，會去幫忙清理、按摩。」潘明水說。

不僅癱瘓病人與家屬辛苦，在貧困而危機重重的大環境下，助人的志工也經常面臨親人傷病、死亡的煎熬。他記憶所及，幾乎每週都會有族魯族志工或家屬發生車禍、遭遇殺害等不幸消息。

「若看到有人的藍天白雲制服上面，多一條白布條或黑布條，代表她在服喪，有的長達半年。」潘明水鼓勵喪失親人的志工擦乾眼淚，代替已經「上天堂」的親友繼續服務「上帝的子民」。

踏上歸程之際，葛蕾蒂絲捧著象徵慈濟歷史開端的竹筒，更加體認身爲第一位非洲裔慈濟委員的責任，「我回去的第一件事，就是推動『竹筒歲月』！」她期待手中竹筒承載點滴愛心，膚慰更多苦難同胞！

葛蕾蒂絲認爲自己在慈濟受益良多，「你們不遠千里從臺灣來到南非幫助我們，協助我們改善生活，當我們有能力的時候，更應該靠自己的力量幫助同胞。」儘管物質生活還是貧窮，但葛蕾蒂絲卻認爲自己充滿愛的心靈是富有的，慈濟讓她懂得去愛人，去幫助窮人，造福社區，生活變得非常有意義，每天都開開心心。

葛蕾蒂絲懇切表示：「所有宗教其實都是一樣的。因爲有慈濟、有法，淨化了我們的心，教我們爲社區付出，否則今日我們將一無所有；法就像《聖經》一樣，我天天都要閱讀，還要日日行經！」

全球慈濟人當中，讓我感動的慈濟典範之一在南非。這一群志工是如何做慈濟？他們經濟那麼不好、當地交通不方便，他們是如何走過來？步步艱難、步步難關，但是都可以步步平坦，一一克服過來。

南非的本土志工，生活如此貧窮，但是布施對他們而言毫無困難，還能帶動其他人共同付出，這也是一種典範。看到慈濟世界中，志工的生活狀況有赤貧也有巨富，但是人人都能發揮無私大愛，眞的非常感動！我從經典所得到的感動，遠不及所見所聞的現實人間菩薩故事。

她們以平等的愛心照顧愛滋病患，超越了宗教藩籬，在那麼艱難的環境中，即使身上僅剩一元，也能毫不遲疑地捨予更需要的人，他們就是菩薩現身。假如可以選擇出生的環境，一般人絕對不會去選擇生在那樣黑暗、困苦的地方；但是假如要選擇心境，我們應該選擇葛蕾蒂絲的心境，像她那樣地快樂、看得開、能超越，這些如果沒有智慧就無法做到。

南非本土委員們，每一位都是讓我疼入心的「黑珍珠」，爲了救助苦難、膚慰貧病，並且培育慈濟種子，克服生活上、身體上的困難與障礙而勇猛精進。因他們有此願力，就地樹立起精神典範，把我說的話，詳細婉轉地注入每一位本土志工的心，再由行動表達出來、眞誠投入，讓我非常讚歎！

這麼簡單的法，他們不但應用在身上，而且做得很歡喜。法入心，就有無量智慧，心靈境界融通虛空法界，所以隨處都能對人說慈濟、播下菩提善種。

他們雖然是基督教徒和天主教徒，但如果知道有人即將往生，大家甚至會去爲臨終者助念阿彌陀佛。他們的人生雖然苦，所走過的地區也是苦，但是他們的言行皆是眞、善、美，很値得記錄書寫與傳播，收錄於慈濟大藏經。他們大都不是受過高等教育的人，他們只是用心聽、用心做，然後將做了之後的心得，去和人分享，而他們分享的心得，非常感動人。

她們以堅忍之心，精進力行菩薩道，無餘修、長時修、無間修、尊重修，長時間持續付出，以感恩、尊重、愛對待受助者，讓他們感受眞誠之愛，也願意投入志工、付出助人，這都是眞善美的人生！認知世間無常、苦、空，要放下執著，把握時間付出；有能力爲人付出是最快樂的，因爲心中法喜充滿！

南非這一群菩薩是乘願而來人間，不是隨著業力來人間受報。不論是從臺灣去到非洲耕耘志業的慈濟人，或是當地的人間菩薩，每一位都是負起使命而關懷救助苦難人，而且持續在人心撒播善種子，拓展愛的效應。

同時，生活困苦的南非本土志工，還能夠將愛心從居住地擴及鄰近的史瓦濟蘭、莫三比克，一路帶動出願意投入慈濟志工的當地居民。相較於許多地方的靜思堂的莊嚴宏偉，南非志工舉辦全國性的精進研習，場地很簡陋，甚至是在露天的環境中搭帳棚精進！雖然環境如此困苦，但是他們的心志堅定，眞正是求法若渴。

他們把法聽入心，而且傳承得很正確。他們都用很單純的心，吸收法，讓滴滴的法髓滋潤心地；他們聞法之後，身體力行，可以感受到他們眞的很想讓慧命活下去，精神令人感動。

南非慈濟人的英語不似歐美慈濟人通順，卻能確實而深入地將法傳給祖魯族志工，讓她們深刻融入法脈，「拚生命」做慈濟，所倚靠的不是語言，而是一分誠懇的心。當地的菩薩發心拯救衆生之苦，人人都如地藏菩薩般，心量寬闊，不以己身貧窮、病痛為苦，少欲知足，道心堅定。

許多世間人，求健康、求名利地位、求享受等等，要求很多。但是南非的祖魯志工們發心立願，即使自己的生活也很窮困，仍能去關懷愛滋病患、關懷窮困人，這豈不是「窮中之富」的人嗎？雖然物質上什麼都缺，不過只要有心，就能富足。

人們受欲念驅使，在名利權位上鑽營，得到再多也不滿足；許多祖魯族志工原本都是接受慈濟幫助的照顧戶，卻能在接受到慈濟人給予無私大愛後受到啓發，在助人的過程中體會到心靈的富足與輕安。他們有一顆高貴的心，他們的愛，是有錢、有名、有權的人跟不上的，超越而高貴。

因此，精神理念充足，才能真正傳承靜思法脈，否則僅是開啓慈濟宗門，走入人群去付出，卻不知如何付出而無所求。大慈無悔，只在個人內心修持；要再加上慈心圓融，才能將慈心普及開闊。如何才能圓融、達到無悔？總是要有法存心，才能達到此境界。「法入心」尚須「髓入心」，才能增長慧命，靜思法脈的精神理念就是法髓。

只要建立正知、正見、正念，人與人之間不分宗教、不分種族，皆能以平等大愛對待；心存正法，自然心寬念純，在正法的滋潤下，不斷地去除習氣、增長慧命。自己的心入法、調和了，再向外灑出清淨光明的法水，淨化空氣與大地。

我心裡想，眞感恩臺灣啊！臺灣是慈濟的發祥地，而慈濟已經遍布在國際，語言國際化，人種也國際化，好多種語言在不同的膚色裡，發揮佛法在人間。

靜

舍

你的痛，我來疼

作者　釋證嚴

封面攝影　慮琳
內頁攝影　慈濟人文志業發展處、慮琳、林煜幃
編輯小組　許悔之、王宛茹、謝恩仁、李曙辛
王茗莉、林聖玉、顏毓莉、蔡妙雯、曾美雪
整體設計　洪于凱
責任編輯　林煜幃

董事長　林明燕
副董事長　林良珀
藝術總監　黃寶萍
執行顧問　謝恩仁

總經理兼總編輯　許悔之
副總編輯　林煜幃
經理　李曙辛
美術編輯　吳佳璘
執行編輯　施彥如
企劃編輯　魏于婷

策略顧問　黃惠美・郭旭原・郭思敏・郭孟君
顧問　林子敬・詹德茂・謝恩仁・林志隆
法律顧問　國際通商法律事務所／邵瓊慧律師

出版　有鹿文化事業有限公司
地址　台北市大安區濟南路三段28號7樓
電話　02-2772-7788
傳真　02-2711-2333
網址　www.uniqueroute.com
電子信箱　service@uniqueroute.com

靜思人文志業股份有限公司
地址　台北市大安區忠孝東路三段217巷7弄19號1樓
電話　02-2898-9888
傳真　02-2898-9889
郵政劃撥　06677883
戶名　互愛人文志業股份有限公司
網址　www.jingsi.com.tw

製版印刷　鴻霖印刷傳媒股份有限公司

總經銷　紅螞蟻圖書有限公司
地址　台北市內湖區舊宗路二段121巷19號
電話　02-2795-3656
傳真　02-2795-4100
網址　www.e-redant.com

國家圖書館出版品預行編目(CIP)資料

你的痛,我來疼 / 釋證嚴著. -- 初版.
-- 臺北市 : 有鹿文化, 靜思人文,
2016.11 面 ; 公分. --
(證嚴法師說菩薩心懷)

ISBN 978-986-93289-9-9 (平裝)
1.佛教說法

225.4　105019841

ISBN：978-986-93289-9-9
初版：2016年11月
定價：280元